Œuvres&thèmes
CLASSIQUES HATIER

Collection dirigée
par Hélène Potelet et Georges Décote

La Genèse

et autres récits de création

Dossier thématique

Célébrer le monde

Dossier Histoire des arts

La Création dans les arts

Hatier
aris 2016
BN 978-2-218-99760-0
SN 01840851

Ariane Carrère,
certifiée de lettres modernes

Hatier

SOMMAIRE

La création du monde

La création de l'homme et de la femme

La re-création du monde

L'AIR DU TEMPS

Les civilisations du monde méditerranéen

- 3300 av. J.-C. : en **Mésopotamie** s'épanouit un des premiers foyers de civilisation autour du Tigre et de l'Euphrate.
- Vers 3000 av. J.-C. : l'**Égypte**, traversée par le Nil, connaît une civilisation brillante sous le règne des Pharaons.
- Vers 2000 av. J.-C. : les **Hébreux**, peuple nomade du Moyen Orient, entament une longue errance à la recherche d'une terre.
- Vers 1500 av. J.-C. : les **premiers Grecs** arrivent d'Europe centrale. Au cours des siècles, ils étendent leur territoire et diffusent leur culture. Puis ce sera au tour des **Romains** de dominer le monde méditerranéen.
- Mésopotamiens, Égyptiens, Grecs et Romains honorent une **multitude de dieux**, tandis que les Hébreux sont les premiers à croire en un **Dieu unique**, créateur du monde.

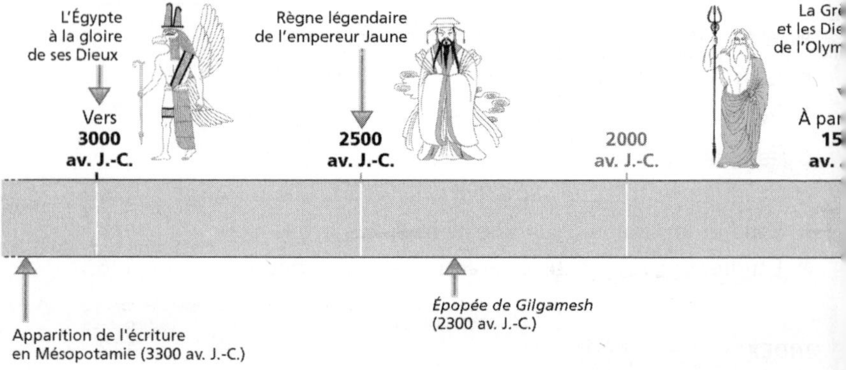

Ailleurs dans le monde...

- Entre 70 000 et 12 000 av. J.-C. : les **premiers hommes** arrivent sur les terres d'**Amérique du nord**. Ils se répartissent en tribus nomades.
- Dès 9000 av. J.-C. : en **Afrique**, des peuples s'installent au sud-ouest du Nigeria. Le Ghana et le Mali deviennent de puissants empires grâce à leurs **gisements d'or**.
- 5500 av. J.-C. : en **Chine**, les premières communautés agricoles s'établissent sur les rives du **grand fleuve jaune**. Puis la Chine devient le foyer d'une brillante civilisation.
- Vers 2500 av. J.-C. : en **Inde**, une civilisation se développe dans la **vallée de l'Indus**. Les Indiens pratiquent l'**hindouisme**, qui impose la division de la société en castes.
- En 1325, les **Aztèques**, ancien peuple de l'Amérique centrale, fondent la future Mexico. Ils construisent des **pyramides** grandioses pour **honorer le Dieu Soleil**.

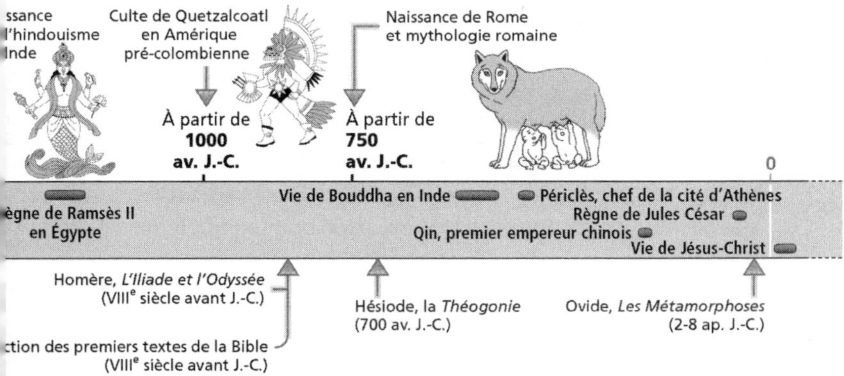

Qu'est-ce qu'un récit de création ?

Au commencement, qu'y avait-il ? Et avant ?
Comment le monde était-il au tout premier matin ?
Comment l'homme est-il apparu sur Terre ? Qui l'a « fabriqué » ?
Ces questions, les humains de toutes les civilisations et de tous les âges se les sont posées. Pour y répondre, ils ont imaginé des contes, des légendes et des poèmes : les **récits de création**.

Des récits issus de cultures différentes

► Le groupement de textes qui vous est proposé vous invite à un voyage **à travers les siècles et les continents**, afin que vous ayez un aperçu assez large des récits de création. Vous y trouverez ainsi des textes issus de cultures aussi différentes que celles de l'Europe, de l'Afrique, de l'Asie et de l'Amérique.

► Le recueil est composé de quatre sections : la création du monde, la création de l'homme et de la femme, la destruction du monde et sa re-création, la célébration du monde. À côté de textes fondateurs tels que les récits bibliques, des contes plus légers vous révéleront, entre autres, pourquoi la lune brille moins que le soleil, pourquoi certains serpents n'ont pas de venin ou encore pourquoi la jalousie étreint le cœur des hommes.

► Au fil des pages, des auteurs anonymes côtoient des auteurs reconnus tels que le poète grec Hésiode et le poète latin Ovide. Vous découvrirez même qu'à l'époque contemporaine, des écrivains comme Supervielle en France et Buzzati en Italie ont joué avec les thèmes des récits de création pour en offrir des versions amusantes.

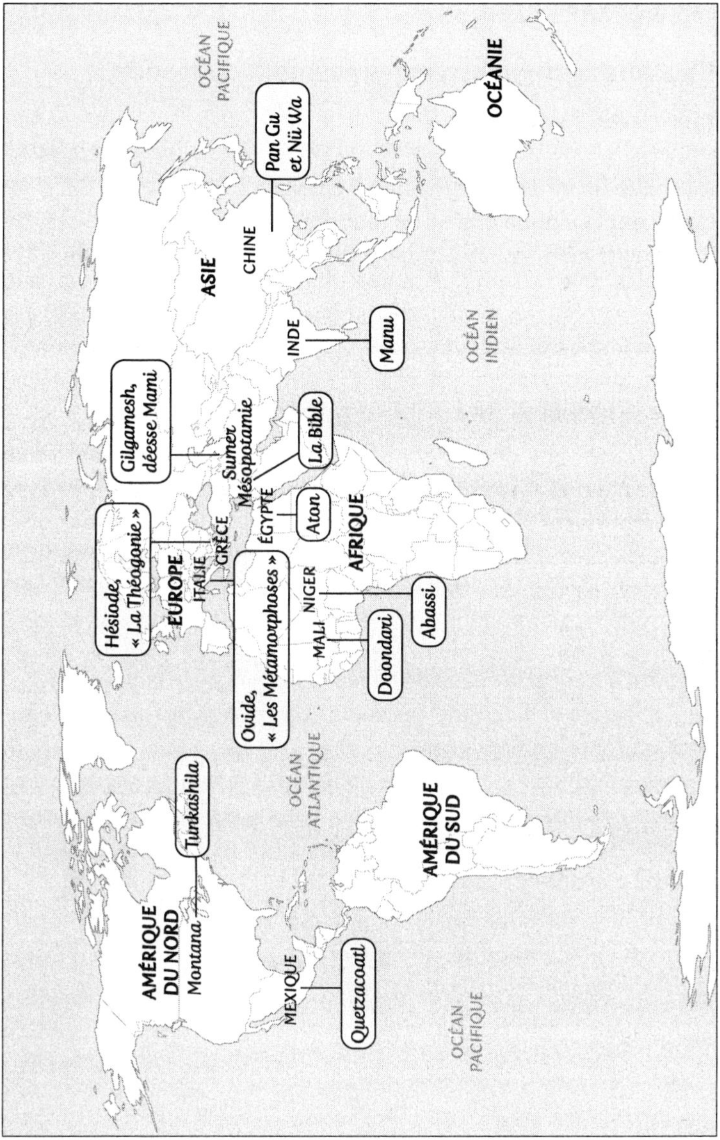
OCÉAN PACIFIQUE
AMÉRIQUE DU NORD
Montana
Tunkashila
MEXIQUE
Quetzacoatl
OCÉAN ATLANTIQUE
AMÉRIQUE DU SUD
Ovide, « Les Métamorphoses »
MALI
Doondari
NIGER
Abassi
Hésiode, « La Théogonie »
EUROPE
ITALIE
GRÈCE
ÉGYPTE
Aton
AFRIQUE
Gilgamesh, déesse Mami
Sumer
Mésopotamie
La Bible
INDE
Manu
OCÉAN INDIEN
ASIE
CHINE
Pan Gu et Nü Wa
OCÉAN PACIFIQUE
OCÉANIE

Il y a longtemps, Au commencement du monde...

► Alors que dans le texte biblique de la *Genèse*, l'Univers doit son existence à l'acte volontaire d'un Dieu créateur, d'autres œuvres affirment qu'un ou plusieurs dieux ont façonné le monde à partir du chaos (état informe et confus de l'univers avant la création) : c'est le cas chez Hésiode et Ovide. Pour la civilisation chinoise, c'est de l'éclosion d'un œuf flottant au milieu du néant que serait né le monde. Au Mali, en revanche c'est une goutte de lait qui aurait été le commencement de tout...

Et ce fut au tour de l'homme d'être créé...

► Une fois le monde créé, le ciel séparé de la terre et les étoiles accrochées au firmament, c'est au tour de l'homme de trouver sa place dans cet univers.
Si le Dieu de la Bible façonne l'homme afin qu'il domine les autres êtres, les dieux sumériens le créent pour qu'il se mette à leur service. Abassi, lui, l'engendre par ennui, tandis que Nü Wa le sculpte parce qu'elle se sent seule... Quant à l'ange-architecte du récit de Buzzati, il n'aura de cesse de convaincre Dieu de le laisser « inventer » l'homme et la femme, les seuls êtres doués de raison qui sauront adorer le Tout-Puissant.
Certains mythes racontent que l'homme et la femme ont été créés en même temps. Il en est autrement dans la *Genèse* : Dieu procède d'abord à la création de l'homme, puis fait naître la femme en la tirant d'une des côtes de ce dernier.

► L'âge d'or, ainsi que le nomme Ovide, règne alors sur la Terre : Adam et Ève coulent des jours tranquilles dans le jardin d'Éden. Mais ces temps ne vont pas durer...

Et le Déluge survint...

► Le **thème du Déluge**, probablement inspiré de faits réels, est **universel** et se retrouve dans de nombreux récits de création. Il rappelle à l'homme sa faiblesse et permet la renaissance du monde à partir du meilleur de l'humanité.

► En effet, les hommes, devenus mauvais au cours des âges, provoquent **la colère des dieux**, qui décident de les détruire en engloutissant sous les eaux l'ensemble de la création (hommes, animaux, végétaux). Seuls quelques élus sont épargnés : ils survivent en se réfugiant sur une barque ou en s'enfermant dans une arche construite sur l'ordre de leur dieu.

► Ainsi, ce sont Noé et sa famille, sauvés par Dieu (*Bible* et *Coran*), Deucalion et Pyrrha, Outa-Napishti et Manu – personnages issus de la mythologie latine, de l'Épopée de Gilgamesh et des mythes indiens – qui **renouvellent le monde**.
Quant à Tunkashila, le dieu amérindien, il anéantit totalement la race humaine, pour mieux la recréer tout en l'avertissant de bien se conduire...

La célébration du monde

► Le monde ayant été recréé, c'est à l'homme de prendre la parole pour **célébrer** l'univers qui l'entoure. Des éléments tels que le soleil, le printemps, les papillons, la mer ou le pain deviennent ainsi l'objet d'hymnes et de poèmes.

La création du monde

Pan Gu, gravure du XVIIIe siècle, collection particulière.

TEXTE 1 RÉCIT BIBLIQUE

« Au commencement, Dieu créa le ciel et la terre... »

La Bible est le livre sacré de deux grandes religions, le judaïsme (religion des juifs) et le christianisme (religion des chrétiens). Il s'agit d'un recueil de textes écrits par de nombreux auteurs sur mille ans environ (du XIIe siècle avant J.-C. au IIe siècle après J.-C.).

La Bible comporte deux grandes parties : l'Ancien Testament et le Nouveau Testament. Seul l'Ancien Testament est commun aux juifs et aux chrétiens ; le Nouveau Testament n'est reconnu que par les chrétiens. La Bible s'ouvre par le livre de la Genèse (du grec genesis, *naissance), qui contient le récit de la création du monde.*

Au commencement, Dieu créa le ciel et la terre. Or la terre était déserte et vide, il n'y avait rien de vivant, les ténèbres[1] couvraient l'abîme, l'esprit de Dieu planait sur les eaux.

Dieu dit : « Que la lumière soit » et la lumière fut. Dieu vit que la lumière était bonne, et Dieu sépara la lumière et les ténèbres. Dieu appela la lumière « jour » et les ténèbres « nuit ». Il y eut un soir et il y eut un matin : premier jour.

Dieu dit : « Qu'il y ait une voûte au milieu des eaux et qu'elle sépare les eaux d'avec les eaux » et il en fut ainsi. Dieu appela la voûte « ciel ». Il y eut un soir et il y eut un matin : deuxième jour.

---

1. Ténèbres : obscurité très profonde.

Dieu dit : « Que les eaux qui sont sous le ciel s'amassent en une seule masse et qu'apparaisse le continent » et il en fut ainsi. Dieu appela le continent « terre » et la masse des eaux « mers », et Dieu vit que cela était bon.

Dieu dit : « Que la terre produise de la verdure : des herbes portant semence et des arbres fruitiers donnant sur la terre des fruits contenant leur semence » et il en fut ainsi. La terre produisit de la verdure : des herbes portant semence selon leur espèce, des arbres donnant selon leur espèce des fruits contenant leur semence, et Dieu vit que cela était bon. Il y eut un soir et il y eut un matin : troisième jour.

Dieu dit : « Qu'il y ait des luminaires à la voûte du ciel pour séparer le jour et la nuit ; qu'ils servent de signes, tant pour les fêtes que pour les jours et les années ; qu'ils soient des luminaires à la voûte du ciel pour éclairer la terre » et il en fut ainsi. Dieu fit les deux grands luminaires : le plus grand luminaire comme puissance du jour et le plus petit luminaire comme puissance de la nuit, et les étoiles. Dieu les plaça à la voûte du ciel, pour éclairer la terre, pour commander au jour et à la nuit, pour séparer la lumière et les ténèbres, et Dieu vit que cela était bon. Il y eut un soir et il y eut un matin : quatrième jour.

Dieu dit : « Que les eaux grouillent d'un grouillement d'êtres vivants et que des oiseaux volent au-dessus de la terre contre la voûte du ciel » et il en fut ainsi. Dieu créa les grands serpents de mer et tous les êtres vivants qui glissent et qui grouillent dans les eaux selon leur espèce, et tout oiseau selon son espèce, et Dieu vit que cela était bon. Dieu les bénit et dit : « Soyez féconds, multipliez, emplissez l'eau des mers, et que les oiseaux multiplient sur la terre. » Il y eut un soir et il y eut un matin : cinquième jour.

Dieu dit : « Que la terre produise des êtres vivants selon leur espèce : bestiaux, bestioles, bêtes sauvages » et il en fut ainsi. Dieu fit les bêtes sauvages, les bestiaux et toutes les bestioles du sol selon leur espèce, et Dieu vit que cela était bon.

« La création du monde », La Bible illustrée de Taizé,
traduit et adapté de l'hébreu, © Éd. du Cerf, 1973.
Références du tome 1, Genèse, I, 1-25.

La Création du monde, miniature extraite de *La Bible historiale de Jean de Berry*, vers 1330, Paris, BNF.

AI-JE BIEN LU ?

1 Qui est le créateur du monde, selon le récit biblique ?

2 Reconstituez les étapes de la création, du premier au cinquième jour :

premier jour •	• les animaux
deuxième jour •	• le jour et la nuit
troisième jour •	• le ciel, la mer, les continents, les végétaux
quatrième jour •	• le soleil, la lune et les étoiles
cinquième jour •	• la voûte céleste

J'EXPLIQUE LE TEXTE

Le pouvoir du Créateur

Le **mode indicatif** présente les faits comme réels et certains ; le **mode subjonctif** peut exprimer un souhait ou une volonté.

3 « Dieu dit : "Que la lumière soit" et la lumière fut » (l. 5).

a. Montrez, en vous appuyant sur les modes employés, qu'il y a correspondance entre ce que Dieu dit et ce qu'il fait.

b. Quel est donc le pouvoir de la parole de Dieu ?

4 **a.** Dieu est-il satisfait de son œuvre ? Citez le texte.

b. Quel être n'a-t-il pas encore créé ?

La poésie biblique

De nombreuses expressions régulièrement répétées rythment le texte biblique et lui donnent un caractère **poétique**. La Bible, jusqu'à ce qu'elle soit mise par écrit (vers 950 avant J.-C.), était **racontée oralement** de génération en génération. Ces répétitions permettaient de favoriser l'écoute et la mémorisation.

QUESTIONS SUR LE TEXTE 1

5 Combien de fois le nom de Dieu est-il répété dans ce texte ? Pourquoi l'est-il ?

6 **a.** Quelles expressions sont répétées au début et à la fin de chaque paragraphe ?
b. Quel effet ces répétitions produisent-elles ?

Je rédige le bilan

7 Complétez les phrases suivantes : **a.** Dans la Bible, le récit de la création se trouve dans la G... **b.** Durant les cinq premiers jours, Dieu a créé le m... **c.** L'acte de création se fait par la p..., d'où les nombreuses reprises du verbe « d... » **d.** Le texte biblique est un texte p... car il est rythmé par de nombreuses r... .

J'ÉTUDIE LA LANGUE

Vocabulaire : autour du mot « ciel »

8 « Au commencement, Dieu créa le ciel et la terre. » (l. 1)
Donnez le sens des expressions : **a.** Prier le Ciel. **b.** Tomber du ciel. **c.** Remuer ciel et terre. **d.** Lever les yeux au ciel.

9 Le mot « ciel » vient du latin *caelum*. Complétez avec l'adjectif formé à partir du mot latin : la voûte du ciel > la voûte c...

10 Quel est le sens du proverbe : « Aide-toi, le ciel t'aidera » ?

Vocabulaire : autour du mot « lumière »

11 Que sont le grand et le petit luminaires (l. 30-31) ?

12 Complétez par des mots désignant un moyen de s'éclairer :
a. Aujourd'hui c'est mon anniversaire, je vais souffler douze b...
b. Au plafond pend un superbe l... en cristal.
c. Pour explorer cette grotte, prends une t... .
d. À la tombée de la nuit, les r... s'allument dans les rues de la ville.

TEXTE 2 MYTHOLOGIE GRECQUE

« Muses, révélez-moi l'origine du monde »

Hésiode est un poète grec (VIIIe-VIIe siècle av. J.-C.). Il s'interroge sur l'origine de toutes choses : le monde, le ciel, les dieux. La Théogonie *(du grec* theós, *dieu, et* gonos, *génération) présente la généalogie des dieux et explique la naissance de l'univers. Le poète s'adresse aux Muses.*

Muses[1] habitantes de l'Olympe, révélez-moi l'origine du monde.

Au commencement il y avait le Chaos ténébreux, puis Gaia, la déesse Terre à la large poitrine, et Éros, le dieu Amour, le plus beau des dieux, celui qui attendrit les cœurs et maintient sous son pouvoir les dieux et les hommes.

Du Chaos naquirent l'Érèbe, noire terre souterraine où règne la mort, et la sombre Nyx, la nuit. Et Nyx et Érèbe s'unirent pour donner naissance au Jour radieux et à l'Éther, l'air brillant.

Bientôt, Gaia enfanta seule Ouranos, le Ciel étoilé, et le rendit son égal en grandeur, afin qu'il la couvrît tout entière et qu'il fût la demeure des dieux immortels.

1. **Muses :** filles de Zeus, elles présidaient aux arts et à la poésie.

Puis elle engendra les hautes montagnes, où séjournent les divines Nymphes et la Mer aux flots harmonieux. S'unissant à Ouranos, elle enfanta aussi Océan aux tourbillons profonds ainsi que des êtres monstrueux, les Cyclopes et les Titans.

Le dernier Titan qu'elle mit au monde fut Kronos, le plus terrible de ses enfants, qui prit en haine son père vigoureux...

Hésiode, extrait de *La Théogonie*, v. 114 à 138,
texte adapté du grec par Hélène Potelet, 2016.

TEXTE 3 MYTHOLOGIE ROMAINE

« C'était le chaos »

Ovide est un poète latin, né en 43 avant J.-C. et mort en 17 après J.-C. Il est pendant un temps le poète de la haute société romaine avant d'être exilé sur l'ordre de l'empereur Auguste. Il compose pendant plusieurs années un recueil de mythes et de légendes grecs et latins, Les Métamorphoses, *écrit en vers et en latin. Cette œuvre commence par la création du monde.*

Avant la formation de la mer, de la terre et du ciel, le monde était une masse informe, indistincte : c'était le chaos. Tous les éléments étaient mêlés et se combattaient entre eux.

Un dieu créateur, à moins que ce ne soit la Nature elle-même, mit fin à ces combats. Il sépara les éléments et leur attribua à chacun une place fixe.

Le feu brilla dans le ciel et occupa la région la plus élevée. Au-dessous vint se placer l'air léger ; la terre, plus lourde, fut fixée plus bas ; enfin, l'eau prit la dernière place et entoura la terre.

Ce travail achevé, ce dieu architecte façonna la terre : il la fit plate et ronde, comme un immense disque. Ensuite il forma les vastes étangs, les lacs et les fleuves ; sur son ordre, les plaines s'étendirent, les vallées s'abaissèrent, les montagnes élevèrent leurs sommets et les forêts se couvrirent de feuillages. Il établit ensuite cinq zones climatiques : la zone centrale, brûlée par le soleil, est rendue inhabitable ; les deux zones qui sont dans la région des pôles se couvrent de neiges et de glaces éternelles ; les deux zones intermédiaires bénéficient d'un climat tempéré : le chaud se mêle au froid. Il ajouta dans les airs les vents, les brumes et les nuages ; et les astres commencèrent à briller dans les cieux.

Pour que chaque région ait ses habitants, le ciel devint la demeure des dieux[2], les eaux se peuplèrent de poissons aux luisantes écailles, la terre de bêtes sauvages, et l'air d'oiseaux qui battent les ailes.

Ovide, *Les Métamorphoses*, extraits du livre I, texte adapté du latin par Michelle Busseron et Hélène Potelet, 2015.

2. Des dieux : Rhéa et Kronos (Saturne), nés de l'union du Ciel et de la Terre, eurent des enfants, dont Jupiter, Neptune et Pluton.

QUESTIONS SUR LES TEXTES 2 ET 3

AI-JE BIEN LU ?

1 Retrouvez les étapes de la création selon Hésiode en complétant les deux schémas.

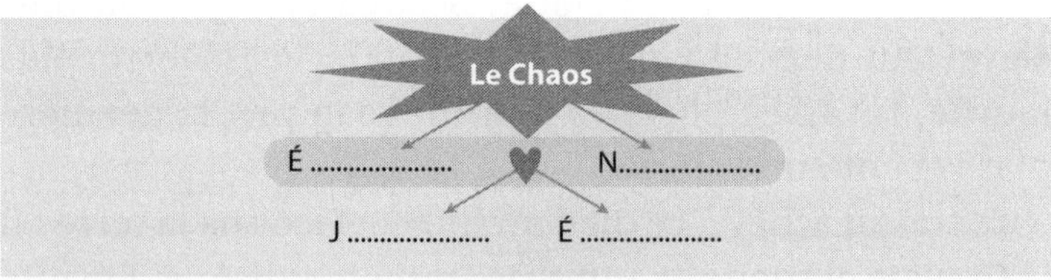

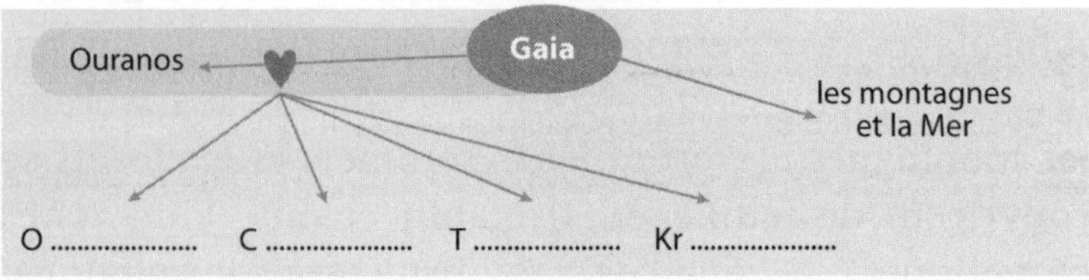

2 **a.** Quelle est la forme de la terre selon Ovide ?
b. Faites un schéma sur lequel vous représenterez le soleil, l'air, la terre, l'eau.
c. Notez ensuite le nom des êtres qui peuplent chacun de ces éléments.

J'EXPLIQUE LES TEXTES

La naissance du monde selon Hésiode

3 **a.** Quelle est la plus ancienne divinité grecque ?
b. Quelle expression la présente comme une déesse nourricière ?
c. Quelle est la dimension du Ciel par rapport à la Terre ? Pourquoi ?

La métamorphose du monde selon Ovide

> La métamorphose désigne le passage d'un état à un autre, le changement d'une forme à une autre.

4 Qu'y avait-il avant la création de l'univers ? Relevez les expressions qui caractérisent cet état du monde.

5 **a.** Combien y a-t-il de zones climatiques ?
b. Où sont-elles placées ? Quelles sont leurs caractéristiques ?

Le Créateur de l'univers selon Ovide

6 Relevez les deux expressions qui désignent celui qui a organisé l'univers (l. 5 et 12) ? Ce personnage est-il identifié ?

7 Relevez les verbes qui indiquent les actes du Créateur. Quelles principales étapes a-t-il suivies ?

8 Dans quel ordre la Terre a-t-elle été aménagée (l. 8 à 28) ?

Je compare les textes

9 Quel est le premier état du monde selon Hésiode et Ovide ?

10 Quel texte fait intervenir un créateur ?

J'ÉTUDIE LA LANGUE

Vocabulaire : le préfixe « in »

> Le **préfixe** est un élément lexical que l'on place devant le radical d'un mot pour en modifier le sens et former un nouveau mot.
> Le **préfixe négatif** « in- » (écrit aussi ir-, il-, in-) indique le contraire.
> Ex. : « indistincte », signifie « qu'on ne peut distinguer ».

11 Complétez les groupes nominaux par des adjectifs commençant par le préfixe in-, im- ou ir- :
– un lieu auquel on ne peut accéder : un lieu ...

– une côte où l'on ne peut aborder : une côte ...
– une forêt où l'on ne peut pénétrer : une forêt ...
– un dieu que l'on ne peut voir : un dieu ...
– une chaleur que l'on ne peut supporter : une chaleur ...
– un air que l'on ne peut respirer : un air ...

LE SAVIEZ-VOUS ?

La forme de la terre

Au Ier siècle avant J.-C., dans *Les Métamorphoses*, Ovide décrit une terre « plate et ronde, comme un immense disque » (l. 13). Il reprend des théories qui existent depuis les époques historiques les plus anciennes.
En Mésopotamie, vers 3000 av. J.-C., les Sumériens pensent que la Terre est un disque plat posé sur une demi-sphère qui abrite le domaine des morts. Entourée par la mer, elle est surmontée d'une autre demi-sphère qui contient le ciel.
En Grèce, le monde décrit par Homère (l'auteur de l'*Iliade* et l'*Odyssée*) au VIIIe siècle avant J.-C. ressemble à celui des Mésopotamiens : la Terre est un disque entouré par le fleuve Océan et la voûte céleste forme une demi-sphère. Sous le disque terrestre se trouve le Tartare, le séjour des morts.
Cependant l'hypothèse d'une Terre sphérique s'impose en Grèce dès la fin du VIe siècle avant J.-C. avec Pythagore et ses disciples.
Au IVe siècle avant J.-C., Aristote constate que chaque fois qu'il y a une éclipse de lune, la forme réfléchie est toujours courbe. Il observe aussi que l'ombre n'est pas la même lorsqu'on se déplace du nord au sud : la différence s'explique si la Terre est sphérique.
Les Anciens avancent enfin un autre argument : lorsqu'un bateau arrive à l'horizon, on commence à voir le mât avant la proue, et à l'inverse, lorsqu'un bateau s'éloigne, le mât disparaît en dernier.

TEXTE 4 CONTE CHINOIS

« Au début, il n'y avait rien. Rien. »

Pan Gu[1] est un personnage de la mythologie chinoise. Il est présenté comme le premier être sorti du chaos originel, séparateur du Ciel et de la Terre.

Pour les anciens Chinois, au début, il n'y avait rien. Rien. C'était le règne du chaos et du vide.

Pourtant, au milieu de ce néant, flottait un œuf, et à l'intérieur de cet œuf, un géant, Pan Gu, était lové[2]. Il était là, replié sur lui-même, les genoux sous le menton, exactement dans la même position qu'un bébé, avant sa naissance, dans le ventre de sa maman. Qui l'avait placé là, qui l'avait créé reste un grand mystère. Toujours est-il que Pan Gu dormait dans un œuf et qu'un jour, sans qu'on sache pourquoi, il se réveilla.

Dès lors, il commença à mettre de l'ordre dans l'univers. Sans relâche[3], sans s'accorder un seul instant de repos, pendant dix-huit mille ans, tassant avec ses pieds le jaune de son œuf, il fit la terre. Puis, avec le blanc repoussé vers le haut, il fit le ciel.

Mais ces efforts l'avaient épuisé. Titubant[4] de fatigue, il trébucha et vint s'écraser au sol.

---

1. Pan Gu : Pan Gu se prononce comme les mots français « panne » et « goût ».
2. Lové : enroulé sur lui-même.
3. Sans relâche : sans s'arrêter.
4. Titubant : vacillant sur ses jambes, chancelant.

Le choc fut si rude que ses yeux jaillirent[5] de leurs orbites[6] et furent projetés vers le ciel. L'œil droit devint le soleil, l'œil gauche, la lune. Ses cheveux firent les astres, ses os, les montagnes, ses veines et ses artères, les fleuves et les rivières. Quand le tonnerre gronde, c'est sa voix qu'on entend. La pluie est sa sueur, le vent, son souffle. Et la végétation qui recouvre la terre est faite de ses poils…

« Pan Gu crée le monde », *Contes et légendes de Chine*, Janine Hiu, éd. Nathan, avril 2015.

5. Jaillirent : sortirent brusquement.
6. Orbites : cavités dans lesquelles sont placés les yeux.

AI-JE BIEN LU ?

1 Pour les anciens chinois, qu'y avait-il avant la Création ?

2 **a.** Qui est Pan Gu ? Où se trouve-t-il ?

b. Sait-on qui l'a placé là ?

3 Pourquoi un jour Pan Gu crée-t-il le monde ?

J'EXPLIQUE LE TEXTE

La progression du récit

4 **a.** Quel premier acte de création Pan Gu accomplit-il ?

b. Pendant combien de temps ?

5 Quel nouvel événement est à l'origine de la création du reste du monde (l. 16-17) ?

Le processus de la Création

6 Comment Pan Gu crée-t-il le ciel et la terre ?

7 La métamorphose

Montrez que le reste du monde résulte d'une série de métamorphoses.

Éléments métamorphosés	Éléments créés
• œil droit • œil gauche	
• cheveux	
• os	
• veines et artères	
• voix	
• sueur	
• souffle	
• poils	

8 En quoi ce conte est-il explicatif ?

QUESTIONS SUR LE TEXTE 4

J'ÉCRIS

Changer de narrateur

9 Réécrivez le passage de « Dès lors... » à « vint s'écraser au sol » (l. 11 à 17) en imaginant que Pan Gu raconte lui-même ce qu'il fait.

CONSIGNES D'ÉCRITURE
• Remplacez le pronom personnel de la 3e personne, « il », par celui de la 1re personne, « je », et faites les modifications qui s'imposent.

LE SAVIEZ-VOUS ?

L'œuf primordial

La naissance du monde à partir d'un œuf est un thème commun à de nombreuses civilisations (égyptienne, chinoise, japonaise, indienne, celte, etc.). Ainsi dans le *Kalevala*, long poème qui regroupe des mythes et légendes de Finlande, on raconte que la déesse Ilmatar dormait au fond de l'océan sans rivage. Dans son sommeil, elle sortit son genou de l'eau, telle une île. Un canard fit alors son nid sur son genou et pondit sept œufs. Mais en les couvant, il brûla la déesse. Celle-ci enfonça son genou dans l'eau si bien qu'elle brisa les œufs, dont tous les éléments se transformèrent : le bas de la coquille forma le firmament, une partie du jaune devint le soleil tandis qu'une partie du blanc devenait la lune. Les débris tachés de la coque se transformèrent en étoiles, et les morceaux un peu foncés en nuages.

TEXTE 5 CONTE MALIEN

« Au commencement, il y avait une énorme goutte de lait. »

Ulli Beier (1922-2011) est un écrivain et éditeur allemand qui a enseigné à l'université d'Ibadan au Nigeria et a joué un rôle important dans la découverte et la diffusion de la littérature africaine, à laquelle appartient ce récit.

Au commencement, il y avait une énorme goutte de lait.
Alors vint Doondari[1], et il créa la pierre.
Puis la pierre créa le fer.
Et le fer créa le feu.
Et le feu créa l'eau.
Et l'eau créa l'air.
Puis Doondari descendit pour la seconde fois.
Et il prit les cinq éléments.
Et il en modela l'homme.
Mais l'homme était fier[2].
Alors Doondari créa la cécité[3], et la cécité vainquit [l'homme.

1. **Doondari (Doondari-Guéno) :** double nom du grand dieu des Peuls, créateur de l'univers. Sous sa forme de Doondari, il est le dieu créateur, tout-puissant. Sous l'aspect de Guéno, il est l'Éternel, le maître suprême de l'univers.
2. **Fier :** ici, orgueilleux.
3. **Cécité :** fait d'être dépourvu du sens de la vision. Ici, il est employé au sens figuré et désigne un aveuglement de l'esprit, une impuissance à comprendre certaines choses.

Forgerons Lakoutas (tribu de la région du Haut Nil), gravure extraite de *Le tour du monde, nouveau journal des voyages*, 1867, Paris, BNF.

Mais quand la cécité devint trop fière,
Doondari créa le sommeil, et le sommeil vainquit
[la cécité.
Mais quand le sommeil devint trop fier,
Doondari créa l'ennui[4], et l'ennui vainquit le sommeil.
Mais quand l'ennui devint trop fier,
Doondari créa la mort, et la mort vainquit l'ennui.
Mais quand la mort devint trop fière,
Doondari descendit pour la troisième fois,
Et il vint sous les traits de Guéno, l'éternel,
Et Guéno vainquit la mort.

Ulli Beier, « Comment le monde fut créé d'une goutte de lait »,
Contes africains de la création, © Éditions Federop, 1976.

4. Ennui : ici, *ennui* a le sens d'anxiété, de souci.

AI-JE BIEN LU ?

1 **a.** De quel pays ce récit de création est-il originaire ?
b. Sous quelle forme se présente-t-il ?
2 Qui est le dieu créateur ?
3 **a.** Quel élément crée-t-il en premier ?
b. Que crée-t-il en dernier ?
4 Comment ce dieu manifeste-t-il sa puissance à la fin du texte ?

J'EXPLIQUE LE TEXTE

Le processus de la création

> Les réalités concrètes sont des réalités matérielles, que l'on peut voir ou toucher (bois, fer...), tandis que les réalités abstraites expriment des idées, des sentiments, des qualités, des défauts...

5 Faites la liste des éléments qui constituent la chaîne de la création (v. 1 à 20) en distinguant les éléments concrets et les éléments abstraits.
6 **a.** Quel rang l'homme occupe-t-il dans cette chaîne ?
b. À partir de quels éléments est-il modelé ?
c. Quel trait de son caractère déplaît à Doondari ?

L'anaphore

> L'**anaphore** est une figure de style qui consiste à **répéter un mot ou un groupe de mots** en début de vers ou de phrases.

7 **a.** Relevez les anaphores à partir du vers 12.
b. Montrez, à partir de ce relevé, que chacun des éléments cités détruit celui dont il est issu, ou en triomphe.

QUESTIONS SUR LE TEXTE 5

Le dieu Doondari Guéno

8 Combien de fois Doondari descend-il ? Chacune de ses descentes correspond-elle à une étape importante de la création ?

9 Sous quelle forme intervient-il finalement pour sauver l'homme ? Quel don lui fait-il ?

J'ÉTUDIE LA LANGUE

La conjugaison du passé simple

10 Relevez dans le poème cinq verbes différents au passé simple et indiquez leur infinitif.
Conjuguez-les ensuite à toutes les personnes.

LE SAVIEZ-VOUS ?

Le peuple Fulani

Le peuple Fulani (appelé aussi Peuls) est présent dans une quinzaine de pays de l'Afrique Occidentale, dont le Bénin, le Burkina Faso, le Mali, la Mauritanie, le Niger, le Nigeria, le Soudan… Les Peuls vivent en général en milieu rural et sont traditionnellement des bergers nomades toujours en quête de pâturages pour leurs troupeaux.

11 **a.** À partir de ces informations sur le peuple Fulani, comment pourriez-vous expliquer qu'« au commencement, il y avait une énorme goutte de lait » ?
b. Par ailleurs, que symbolise le lait ?

TEXTE 6 CONTE MEXICAIN

« Bientôt à l'horizon, s'éleva lentement une boule de feu… »

Les Aztèques, peuple de l'ancien Mexique, vouaient un culte au Soleil. Aussi les mythes relatifs à l'origine du Soleil apparaissent-ils dans de nombreux contes mexicains.

Quetzalcoatl (dont le nom vient de l'aztèque quetzalli, *plume précieuse, et* coati, *serpent) désigne le Serpent à plumes, l'une des principales divinités de l'ancien Mexique.*

C'était il y a très, très longtemps. Les dieux avaient créé les mers, les fleuves et les rivières, les montagnes et les volcans, les arbres et les plantes. De nombreux animaux peuplaient la Terre, mais il y régnait un profond silence. En ce temps-là, le monde était plongé dans l'obscurité. Il n'existait pas de soleil pour l'éclairer et révéler la beauté des fleurs et les plumes colorées des perroquets et des colibris[1].

Quetzalcoatl, le serpent à plumes, un dieu puissant, réunit tous les autres dieux et leur dit :

– Nous avons créé un monde très beau, mais on ne peut pas l'admirer. L'un d'entre nous doit accepter de devenir un soleil. C'est une grande responsabilité, car il fera éclore les fleurs et pousser le maïs. Ceux qui sont volontaires

1. **Colibri :** petit oiseau aux couleurs vives et au long bec.

devront subir l'épreuve du courage, car on ne peut pas confier cette tâche à n'importe qui.

– Moi je voudrais être le soleil, annonça, d'un ton arrogant[2], un jeune dieu appelé Tecuciztecatl[3]. Je suis fort, courageux, je serai un bon soleil.

– Bon, répondit Quetzalcoatl. Y a-t-il un autre volontaire ?

Il n'y en eut pas d'autre, ce fut fort gênant.

On remarqua alors un petit dieu qui n'avait rien dit : c'était un nain, tout rabougri[4] et laid comme un pou. Il était couvert de pustules[5] et… il ne sentait pas très bon.

– Eh bien, on n'a qu'à dire que tu es volontaire, dirent tous les dieux en chœur, soulagés.

– D'accord, si vous voulez, répondit timidement Nanautzin[6], le nain, de sa voix de grenouille.

– Voici comment cela va se passer, expliqua le serpent à plumes. Tout à l'heure, sur la colline, Tecuciztecatl et Nanautzin devront se jeter dans un grand feu pour prouver leur courage.

L'heure était venue. Le feu crépitait et lançait des étincelles haut dans le ciel. Tecuciztecatl, paré d'habits brodés, de plumes et de bijoux, s'approcha du brasier[7]. Tout à coup, il fit une grimace et s'arrêta. La peur paralysait ses jambes. Il recula puis essaya de nouveau, en vain.

2. Arrogant : méprisant, insolent.
3. Tecuciztecatl : tout d'abord dieu des coquillages et des escargots dont les armes sont en obsidienne, il devient le dieu de la lune.
4. Rabougri : petit, chétif.
5. Pustules : boutons contenant du pus.
6. Nanautzin : dieu de l'humilité dont les armes sont en bois et les ornements en papier.
7. Brasier : feu qui flambe.

Soudain, Nanautzin apparut près de lui. Il le regarda dans les yeux d'un air moqueur, bondit sur ses pieds nus puis se jeta dans les flammes sans hésitation.

Les dieux étaient stupéfaits. Ça alors ! Qui l'aurait cru ? Ce nain à tête de crapaud, cet avorton[8] riquiqui ! Quel courage !

Quetzacoatl et les autres dieux attendirent avec impatience le lever du soleil. Bientôt, à l'horizon, s'éleva, lentement, une boule de feu rouge et brûlante. C'était Nanautzin. La terre frissonna, la lumière du jour illumina le manteau vert émeraude de la forêt. Les oiseaux se mirent à chanter. Le jaguar, fier de son pelage moucheté[9], s'étira et partit chasser.

R. P. Fray Bernardina de Sahagún, *Histoire des choses de la Nouvelle-Espagne* (1540-1585), traduit et adapté de l'espagnol par A. Calmels © A. Calmels, 2013.

8. Avorton : être chétif et difforme.
9. Moucheté : tacheté.

QUESTIONS SUR LE TEXTE 6

AI-JE BIEN LU ?

1. De quel pays ce conte est-il originaire ?
2. Qui est le dieu Quetzalcoatl ?
3. Quelle idée a-t-il pour créer le soleil ?

J'EXPLIQUE LE TEXTE

Un conte de création

4. **a.** À quelle époque l'histoire se déroule-t-elle ? Relevez des indications de temps.
b. Quels éléments ont déjà été créés par les dieux ?
c. Quelle atmosphère règne sur la Terre ? Pourquoi ?

L'épreuve

5. **a.** Quelle épreuve les candidats devront-ils subir pour devenir Soleil ?
b. Comment s'explique le manque d'enthousiasme des dieux à se porter candidats ?
6. **a.** Quels sont finalement les deux dieux qui s'affronteront ?
b. Lequel est volontaire, lequel est désigné ?
c. Lequel est en position d'infériorité ? Pourquoi ? Citez des termes précis.
7. **a.** Comment l'épreuve se déroule-t-elle ?
b. Qui en sort vainqueur ?
c. Grâce à quelle qualité ?
8. Comment les autres dieux réagissent-ils ?

La métamorphose de la Terre

9. Comment la nature réagit-elle au lever du soleil ?

10 **a.** De quelle façon le soleil révèle-t-il la beauté de la nature ?
b. En quoi l'atmosphère de la Terre est-elle transformée par l'apparition du soleil ?

JE PARTICIPE À UN DÉBAT

11 Quels sont les bienfaits et les méfaits du soleil ?

J'ÉTUDIE LA LANGUE

Vocabulaire : autour du mot « soleil »

12 Cherchez le sens des expressions suivantes :
a. Il fait un soleil de plomb.
b. Le soleil est au zénith.
c. Il n'y a rien de nouveau sous le soleil.
d. Attraper un coup de soleil.
e. L'Empire du Soleil levant.
f. Fondre comme neige au soleil.

J'ÉCRIS

Écrire une suite

13 Poursuivez le texte : vous imaginerez quelques phrases évoquant le réveil des fleurs et des oiseaux.

CONSIGNES D'ÉCRITURE
- Vous introduirez la description d'une fleur ou d'un oiseau (perroquet ou colibri).
- Vous utiliserez le champ lexical des couleurs et de la lumière.
- Vous emploierez le passé simple pour évoquer les actions et l'imparfait pour les descriptions.

QUESTIONS SUR LE TEXTE 6

LE SAVIEZ-VOUS ?

La légende des soleils

La légende des soleils est un mythe méso-américain (des civilisations précolombiennes au nord de l'Amérique Centrale) fondé sur la création et la destruction successive de plusieurs mondes (ou soleils).

Avant que Quetzalcoatl ne réunisse tous les dieux pour créer le Soleil, quatre précédentes tentatives s'étaient soldées par des catastrophes :

– Le Soleil du Jaguar disparut au bout de 676 ans et les hommes furent dévorés par les jaguars.

– Le Soleil du Vent fut anéanti par le vent et les ouragans, et tous ceux qui vivaient sur la terre et s'accrochaient aux arbres pour résister à la tempête furent changés en singes.

– Le Soleil de la Pluie fut détruit par une pluie de feu qui s'abattit sur la terre, et les hommes se transformèrent en dindons ou en oiseaux, selon les versions.

– Le quatrième Soleil, le Soleil d'Eau, fut ravagé par les inondations. Tous les êtres vivants devinrent des poissons et l'eau recouvrit tout.

Comment fut créée la lune ?

On raconte que Tecuciztecatl, honteux de sa lâcheté, se jeta dans le feu à la suite de Nanautzin. Un deuxième soleil apparut alors dans le ciel. Les dieux étaient furieux : pourquoi ce lâche brillerait-il d'une lumière aussi éclatante que celle de Nanautzin ? Impossible ! Il ne deviendrait que la lune, qui arrive toujours après le soleil ! L'un d'eux saisit alors par les oreilles un lièvre qui passait et le jeta à la tête de Tecuciztecatl. Il s'écrasa sur l'astre, des taches apparurent et la lune se ternit. C'est pourquoi, lorsqu'on regarde la lune, on distingue des taches qui ont la forme d'un lièvre.

TEXTE 7 CONTE CONTEMPORAIN

« Les animaux tombaient du ciel un à un... »

Jules Supervielle (1884-1960) est un poète, conteur et auteur dramatique français né à Montevideo. Sa vie se déroule entre l'Uruguay et la France. Grand voyageur, il fait partie de la famille des écrivains cosmopolites. Dans Premier pas dans l'univers, *un recueil de contes, Supervielle évoque avec fantaisie et originalité la Création des animaux.*

Les animaux tombaient du ciel un à un sans se faire de mal. La plupart étaient parachevés[1]. Certains devaient attendre encore un peu avant de posséder tous leurs attributs[2].

« Il paraît que j'aurai une trompe, dit l'éléphant, frais arrivé. Ça partira du front et traînera presque par terre.

– C'est beaucoup pour un nez, dit le renard.

– C'est exactement ce qu'il me faut », riposta[3] l'éléphant.

À peine avait-il achevé sa phrase que la trompe vint du fond du ciel, prendre la place qu'elle devait désormais occuper chez tous les éléphants.

« Faut-il aboyer ? se demanda le chien qui avait déjà toute sa voix. Non, je me tais, c'est dans l'ordre. »

1. **Parachevés :** achevés avec grand soin.
2. **Attributs :** caractéristiques, éléments, propriétés.
3. **Riposta :** répondit avec vivacité.

Au cheval il ne manquait que les oreilles mais il n'en savait rien, tout occupé qu'il était à vouloir se débarrasser, au galop, de son ombre.

Les oreilles le rattrapèrent en pleine course, elles ne sont pas encore revenues de leur étonnement et ne cessent de se tourner de tous les côtés.

« Le bruit court, dit le cheval, que nul ne me rattrapera à la course : je ne sais pas encore très bien ce que ça veut dire mais je devine que j'en serai très fier. »

Tout d'un coup, chacun se sentit mal à l'aise. L'âne venait de braire. Il avait vomi son bruit devant tout le monde et en paraissait satisfait.

Le Créateur allait d'une bête à l'autre, ajoutant ceci, cela, fignolant[4]. Il venait de donner ses zébrures au zèbre et celui-ci, ravi, les montrait à chacun.

« Il n'y a pas de quoi être si fier, dit l'âne. Toutes ces raies, c'est dix fois rien.

– C'est possible, mais moi, je ne suis pas obligé de braire pour qu'on ne m'oublie pas. » [...]

L'ours se demandait s'il était vraiment achevé mais n'en disait rien à personne. Il cherchait çà et là une espèce de confiture sauvage. Il la trouva et l'appela miel.

La vipère dit que ses pattes ne tarderaient pas à lui être livrées, qu'elle les attendait d'un moment à l'autre.

« Vous verrez un peu quand je pourrai faire galoper mon venin d'un bout à l'autre de la terre.

– Taisez-vous donc, dit la grosse voix derrière les nuages.

---

4. Fignolant : en soignant les derniers détails.

Et d'abord, qui vous dit que vous aurez des pattes ?

– La logique ! répondit témérairement un des serpents.

– Eh bien, vous serez privés de venin et vous vous appellerez couleuvres. Ce sera votre châtiment. »

Il dure encore.

Un serpent d'une autre espèce qui avait gardé le silence conserva son venin.

Jules Supervielle, « La création des animaux »,
in *Premiers pas de l'univers*, © Éd. Gallimard.

Kim Jong Woo, *Animal*, 2009, acrylique sur toile, 41 x 39 cm, collection particulière.

QUESTIONS SUR LE TEXTE 7

AI-JE BIEN LU ?

1 À quelle époque ce conte a-t-il été écrit ?
2 **a.** De quel lieu les différents animaux cités arrivent-ils ?
b. Dans quel état sont-ils ?
3 À qui la grosse voix de derrière les nuages appartient-elle ?
4 Quels animaux subissent un châtiment ? Pourquoi ?

J'EXPLIQUE LE TEXTE

Le Créateur

5 Le Créateur accepte-t-il la discussion ? Justifiez votre réponse par un exemple précis.
6 Ressemble-t-il au Créateur de la *Genèse* (texte 1, p. 12) ? Justifiez votre réponse.

La création des animaux

7 **a.** Quels sont les animaux satisfaits de leurs attributs ? comment leur satisfaction se marque-t-elle ?
b. Lesquels sont insatisfaits ? lesquels s'interrogent ?

Animaux	Attributs	Satisfaits/Non satisfaits/S'interrogent

8 **a.** Quels animaux se montrent plutôt désagréables avec d'autres ? Relevez avec précision ce qu'ils disent.
b. Quelle est la réaction des animaux victimes de ces attitudes peu agréables ?

Un conte explicatif

9 Quelle est la caractéristique des oreilles des chevaux ? Quelle explication ce récit en donne-t-il ?

10 Comment l'ours appelle-t-il la confiture sauvage qu'il a trouvée ?

11 Quelle différence y a-t-il entre les vipères et les couleuvres ? Comment ce conte l'explique-t-il ?

JE FORMULE MES IMPRESSIONS

12 Ce récit vous a-t-il amusé ? Dites pourquoi.

J'ÉTUDIE LA LANGUE

Vocabulaire : les métaphores animales

13 Donnez le sens des mots et expressions suivants lorsqu'ils se réfèrent à des humains :

a. Un ours mal léché. **b.** Un requin. **c.** Une langue de vipère.
d. Faire le coq. **e.** Une tigresse. **f.** Une fine mouche. **g.** Une pie.
h. Un œil de lynx.

Les verbes introducteurs du dialogue (ou verbes de parole)

Dans un récit, les paroles prononcées par les personnages sont introduites par des verbes dits de parole. Ex. : Le cheval dit : « Personne ne me rattrapera à la course. »
« **Dire** » est le verbe le plus souvent utilisé, mais il ne donne pas de renseignements sur la façon dont s'exprime le personnage ni sur les sentiments qu'il éprouve. Des verbes plus précis peuvent être utilisés (déclarer, riposter, affirmer, s'écrier, s'exclamer...), ce qui permet **d'enrichir l'expression et d'éviter les répétitions**.

QUESTIONS SUR LE TEXTE 7

14 Dans les dialogues du texte de Jules Supervielle, remplacez le verbe « dire » par un verbe plus précis :
a. « Il paraît que j'aurai une trompe », dit l'éléphant. **b.** « C'est beaucoup pour un nez », dit le renard. **c.** « Le bruit court, dit le cheval, que nul ne me rattrapera à la course. » **d.** « Il n'y a pas de quoi être si fier », dit l'âne. **e.** La vipère dit que ses pattes ne tarderaient pas à lui être livrées. **f.** « Taisez-vous donc », dit la grosse voix derrière les nuages.

JE LIS ET JE COMPARE

« Le cinquième jour », Pierre Ferran

LE CINQUIÈME JOUR

Du haut d'un nuage,
les mains rouges d'argile,
Dieu contemplait les animaux :
« Je suis mécontent du zèbre,
dit-il à Saint Rémi
qui tenait la liste,
il ressemble trop au cheval.
Rayez-le ! »

Pierre Ferran (1930-1989), « Le cinquième jour »,
paru dans *Bestiaires fabuleux*, © Éd. Magnard.

15 **a.** Selon la *Genèse* (p. 12), que s'est-il passé le cinquième jour de la Création ?
b. Justifiez le titre du poème de Pierre Ferran.

16 **a.** Quels sont les différents sens du verbe « rayer » ?
b. Sur quel jeu de mots le poème repose-t-il ?

17 De quels passages du texte de Jules Supervielle peut-on rapprocher ce poème ?

La création de l'homme et de la femme

La Création du monde, bas-relief, Antiquité romaine, IIIᵉ siècle après J.-C., Paris, Musée du Louvre.

TEXTE 1 | MYTHOLOGIE SUMÉRIENNE

« La déesse Mami prit quatorze poignées d'argile... »

Selon la mythologie sumérienne (vers 2500 av. J.-C.), qui est antérieure à la Bible, la déesse Mami créa l'homme et la femme avec l'aide du dieu Ea.

La déesse Mami[1] prit quatorze poignées d'argile.
Elle plaça sept poignées à droite.
Elle plaça sept poignées à gauche.
Au milieu, elle posa une brique.
Ea[2], à genoux sur une natte, ouvrit le nombril des figurines.
Des deux groupes, sept produisirent des hommes...
Sept produisirent des femmes.
La déesse qui crée les destins
Les compléta par paires. Mami
Dessina les formes humaines.

Collectif, *La Naissance du monde*, « Sources orientales »,
© Éd. du Seuil, 1959.

1. Mami : est aussi appelée Ninhursag , Mama, Aruru et Nintu, c'est-à-dire la mère des dieux, la mère primordiale, la maîtresse de la Terre.
2. Ea : ou Enki, dieu mésopotamien très important, est considéré comme le maître des eaux douces souterraines, de la sagesse, des arts et des techniques, de la magie.

AI-JE BIEN LU ?

1 **a.** Quelle est la forme de ce texte ?
b. De quel pays est-il originaire ? De quelle époque date-t-il ?
2 **a.** Quels dieux participent à la création des humains ?
b. Lequel est une femme, lequel est un homme ?

J'EXPLIQUE LE TEXTE

La création des humains

3 **a.** Combien de poignées d'argile la déesse Mami prend-elle ?
b. Comment les dispose-t-elle ?
4 Quelle est la tâche de chacun des dieux ?
5 **a.** Combien d'humains sont ainsi créés ?
b. Montrez, en citant le texte, que le destin des premiers humains est fixé dès leur naissance.
6 Relevez les répétitions de phrases et d'expressions. Quel est l'effet produit ?

LE SAVIEZ-VOUS ?

La révolte des Igigi

Dans la mythologie sumérienne, les Igigi, divinités de moindre importance, travaillaient dur au service des grands dieux, qui vivaient dans l'oisiveté la plus complète. Cette situation finit par provoquer une révolte : les Igigi, après avoir protesté et demandé du repos, cessèrent le travail et brisèrent même leurs outils. Ce fut Ea (aussi appelé Enki) qui trouva la solution ; il demanda à la déesse-mère Mami de créer une race d'esclaves, l'homme, afin que ce dernier se charge des durs labeurs.

TEXTE 2 RÉCIT BIBLIQUE

« Dieu créa l'homme... »

Après avoir créé le monde et les animaux, Dieu décide de modeler un homme...

L'homme et la femme

Dieu dit : « Faisons l'homme à notre image, comme notre ressemblance, et qu'il domine sur les poissons de la mer, les oiseaux du ciel, les bestiaux, toutes les bêtes sauvages et toutes les bestioles qui rampent sur la terre. »

Dieu créa l'homme à son image, à l'image de Dieu il le créa, homme et femme il les créa.

Dieu les bénit et leur dit : « Soyez féconds, multipliez, emplissez la terre et soumettez-la, dominez sur les poissons de la mer, les oiseaux du ciel et tous les animaux qui rampent sur la terre. » Dieu dit : « Je vous donne toutes les herbes portant semence, qui sont sur toute la surface de la terre, et tous les arbres qui ont des fruits portant semence : ce sera votre nourriture. À toutes les bêtes sauvages, à tous les oiseaux du ciel, à tout ce qui rampe sur la terre et qui est animé de vie, je donne pour nourriture toute la verdure des plantes » et il en fut ainsi.

Dieu vit tout ce qu'il avait fait : cela était très bon. Il y eut un soir et il y eut un matin : sixième jour.

Ainsi furent achevés le ciel et la terre, avec tout leur équipement. Dieu acheva au septième jour l'ouvrage qu'il avait fait et, au septième jour, il se reposa, après tout l'ouvrage qu'il avait fait. Dieu bénit le septième jour et le sanctifia[1], car en ce jour il se reposa après tout son ouvrage de création.

Telle fut l'origine du ciel et de la terre, quand ils furent créés.

Dieu créa l'homme ainsi : il le fit avec de la poussière de la terre, avec de la glaise[2] imprégnée d'eau. Et Dieu lui souffla dans les narines et le rendit vivant. [...]

Le Seigneur Dieu planta un jardin en Éden, à l'Orient, et il y mit l'homme qu'il avait modelé. Le Seigneur Dieu fit pousser du sol toutes sortes d'arbres séduisants à voir et bons à manger, et l'arbre de vie au milieu du jardin, et l'arbre de la connaissance du bien et du mal. Un fleuve sortait d'Éden pour arroser le jardin. [...]

Et le Seigneur Dieu fit à l'homme ce commandement : « Tu peux manger de tous les arbres du jardin. Mais de l'arbre de la connaissance du bien et du mal tu ne mangeras pas, car, le jour où tu en mangeras, tu mourras certainement. »

Le Seigneur Dieu dit : « Il n'est pas bon que l'homme soit seul. Il faut que je lui fasse une aide qui lui soit assortie. » [...] Le Seigneur Dieu fit tomber un profond sommeil sur l'homme, qui s'endormit. Il prit une de ses côtes et referma la chair à sa place. Puis, de la côte qu'il avait tirée

1. Sanctifia : rendit sacré.
2. Glaise : terre grasse et compacte.

de l'homme, le Seigneur Dieu façonna une femme et l'amena à l'homme. Alors celui-ci s'écria :

« Oui ! c'est enfin la chair de ma chair, une compagne qui est comme moi. » [...]

La Création d'Ève, miniature extraite de *La Bible historiale de Jean de Berry*, vers 1330, Paris, BNF.

La chute

Le serpent était le plus rusé de tous les animaux des champs que Dieu avait faits. Il dit à la femme : « Alors, Dieu a dit : "Vous ne mangerez pas de tous les arbres du jardin" ? » La femme répondit au serpent : « Nous pouvons manger du fruit des arbres du jardin. Mais du fruit de l'arbre qui est au milieu du jardin, Dieu a dit : “Vous n'en mangerez pas, vous n'y toucherez pas, sous peine de mort”. » Le serpent répliqua à la femme : « Pas du tout ! Vous ne mourrez pas ! Mais Dieu sait que, le jour où vous en mangerez, vos yeux s'ouvriront et vous serez comme des dieux, qui connaissent le bien et le mal. »

La femme vit que l'arbre était bon à manger et séduisant à voir, désirable pour acquérir l'intelligence. Elle prit de son fruit et mangea. Elle en donna aussi à son mari, qui était avec elle, et il mangea. Alors leurs yeux à tous deux s'ouvrirent et ils connurent qu'ils étaient nus ; ils cousirent des feuilles de figuier et se firent des pagnes.

Ils entendirent la voix du Seigneur Dieu qui se promenait dans le jardin à la brise du jour, et l'homme et sa femme se cachèrent devant le Seigneur Dieu parmi les arbres du jardin. Le Seigneur Dieu appela l'homme : « Où es-tu ? », dit-il. « J'ai entendu ta voix dans le jardin, répondit l'homme ; j'ai eu peur parce que je suis nu et je me suis caché ». Il reprit : « Et qui t'a appris que tu étais nu ? Tu as donc mangé de l'arbre dont je t'avais défendu de manger ! » L'homme répondit : « C'est la femme que tu as mise auprès de moi qui m'a donné de l'arbre et j'ai mangé ! »

Le Seigneur Dieu dit à la femme : « Qu'as-tu fait là ? » et la femme répondit : « C'est le serpent qui m'a séduite, et j'ai mangé. »

Alors le Seigneur Dieu dit au serpent : « Parce que tu as fait cela, maudit sois-tu entre tous les bestiaux et toutes les bêtes sauvages. Tu marcheras sur ton ventre et tu mangeras de la terre tous les jours de ta vie. Je mettrai une hostilité entre toi et la femme, entre ta descendance et la sienne. Elle t'écrasera la tête et tu la blesseras au talon. » À la femme, il dit : « Je multiplierai tes douleurs, quand tu enfanteras des fils. Ta convoitise[3] te poussera vers ton mari et lui dominera sur toi. »

À l'homme, il dit : « Parce que tu as écouté la voix de ta femme et que tu as mangé de l'arbre dont je t'avais interdit de manger, maudit soit le sol à cause de toi ! À force de peines tu en tireras subsistance tous les jours de ta vie. Il produira pour toi épines et chardons et tu mangeras l'herbe des champs. À la sueur de ton visage tu mangeras ton pain, jusqu'à ce que tu retournes au sol, puisque tu en fus tiré. Car tu es glaise et tu retourneras à la glaise. »

Le Seigneur Dieu fit à l'homme et à sa femme des tuniques de peau et les en vêtit. Puis le Seigneur Dieu dit : « Voici que l'homme est devenu comme l'un de nous, pour connaître le bien et le mal ! Qu'il n'étende pas maintenant la main, ne cueille aussi de l'arbre de vie, n'en mange et ne vive pour toujours. » Et le Seigneur Dieu le renvoya du jardin d'Éden pour cultiver le sol d'où il avait été tiré. Il chassa l'homme et il mit devant le jardin d'Éden les anges qui agitent une épée flamboyante pour garder le chemin de l'arbre de vie.

« La Création de l'homme », La Bible illustrée de Taizé,
traduit et adapté de l'hébreu, © Éd. du Cerf, 1973.
Genèse, 1, 26-31, 2, 1-4, et 3, 1-24.

3. Convoitise : désir.

AI-JE BIEN LU ?

1 **a.** Sur quel modèle Dieu crée-t-il l'homme ?
b. À partir de quel matériau le façonne-t-il ?
2 À partir de quel élément Dieu crée-t-il la femme ?
3 Quel animal provoque la chute de l'homme et de la femme ?

J'EXPLIQUE LE TEXTE

Le premier couple humain

4 **a.** En quoi l'homme est-il différent des autres créatures ?
b. Pour quelle raison Dieu décide-t-il de créer la femme ? Relevez la phrase qui l'indique.
5 **a.** Quelle interdiction Dieu formule-t-il ? Citez le texte.
b. De quoi Dieu menace-t-il l'homme s'il désobéit (l. 36 à 40) ? Relevez un verbe précis dans les paroles du Créateur.

La chute

6 Quel est le principal trait de caractère du serpent ?
7 **a.** Quels arguments le serpent choisit-il pour convaincre la femme de goûter le fruit défendu ?
b. Comment la femme entraîne-t-elle l'homme dans la désobéissance ?
8 **a.** Quel sentiment pousse l'homme et la femme à se couvrir d'un pagne ?
b. À quel détail Dieu s'aperçoit-il que l'homme et la femme ont désobéi ?
9 Comment cherchent-ils à se justifier devant Dieu ?

QUESTIONS SUR LE TEXTE 2

Le châtiment divin

10 Reliez les personnages aux châtiments qui leur seront infligés :

	• **a.** À la sueur de ton visage tu mangeras ton pain.
	• **b.** À force de peine tu tireras du sol ta subsistance.
Le serpent •	• **c.** Je multiplierai tes douleurs quand tu enfanteras.
La femme •	• **d.** Il renvoya du jardin d'Éden...
	• **e.** Tu marcheras sur ton ventre.
L'homme •	• **f.** Tu mangeras de l'herbe des champs.
	• **g.** Elle t'écrasera la tête.
	• **h.** Tu mangeras de la terre.
	• **i.** Tu la blesseras au talon.
	• **j.** Tu retourneras à la glaise.

11 Quel châtiment suprême Dieu inflige-t-il à l'homme en le chassant du jardin (l. 99 à 107) ?

JE RÉDIGE LE BILAN

12 Complétez les phrases suivantes :

a. Dieu créa l'homme le ... jour.

b. Il le créa avec de la g... imprégnée d'eau.

c. Dieu interdit à l'homme de manger le ... de l'arbre de la connaissance du ... et du ... sous peine de m...

d. Dieu chassa l'homme et la femme du j... d'É...

J'ÉTUDIE LA LANGUE

Grammaire : les valeurs du futur

Le **futur simple** de l'indicatif peut exprimer :
– une **action** à venir dont la réalisation est considérée comme certaine (Ex. : Tu iras demain chez le dentiste.) ;
– un **ordre** ou un **conseil** (Ex. : Mais de l'arbre de la connaissance du bien et du mal tu ne mangeras pas.).

13 **a.** Relevez dans les lignes 81 à 89 les verbes au futur de l'indicatif.

b. Qui utilise ces futurs ? Quelle valeur ont-ils ?

14 **a.** Écrivez les phrases suivantes au futur de l'indicatif :

1. Dimanche nous ... (aller) dans la forêt et nous ... (ramasser) des feuilles.

2. En rentrant du collège, tu ... (faire) tes devoirs avant d'aller jouer.

3. Pendant les vacances, nous ... (pouvoir) nous promener au bord de la mer.

4. Il ... (s'inscrire) dans un cours de judo à la rentrée prochaine.

b. Dans quelle phrase le futur exprime-t-il un ordre ?

TEXTE 3 MYTHOLOGIE ROMAINE

« Mais il manquait encore un animal plus noble... »

Sur la Terre, les eaux se peuplèrent de poissons, la terre de bêtes sauvages et l'air d'oiseaux...

Mais il manquait encore un animal plus noble, plus intelligent et digne de commander à tous les autres. C'est ainsi que l'homme naquit : soit le créateur de l'univers le forma à partir d'un germe divin, soit c'est Prométhée, un Titan[1] ingénieux, qui le modela avec de la boue et de l'eau. Et à la différence des autres animaux, qui courbent la tête et regardent la terre, l'homme, lui, peut la lever et porter ses regards vers les cieux.

Dans les premiers temps de l'humanité, les hommes ne connurent ni les durs travaux, ni la guerre : la nature leur offrait une nourriture abondante. On appela cette période l'âge d'or. Mais avec le temps les hommes devinrent de plus en plus mauvais, leurs conditions de vie se dégradèrent. On passa de l'âge d'or à l'âge d'argent, puis à l'âge de bronze et à l'âge de fer. À la fin, tous les crimes envahirent la terre : les hommes se rendirent coupables de fraudes, de ruse, de trahison et de violence.

Ovide, *Les Métamorphoses*, extraits du livre I, texte adapté du latin par Michelle Busseron et Hélène Potelet, 2015.

1. Prométhée, un Titan : un des fils du Ciel et de la Terre.

AI-JE BIEN LU ?

1 Selon Ovide, quel animal est le plus digne de commander à tous les autres ?

2 Quels sont les quatre âges qui se succèdent ?

J'EXPLIQUE LE TEXTE

La création de l'homme

3 **a.** Qui a créé l'homme ? Indiquez les deux hypothèses.

b. À partir de quoi a-t-il été créé ?

4 Quelle est la différence fondamentale entre l'homme et les autres animaux ? Citez le texte.

Les âges de l'humanité

5 Pour quelle raison le premier âge est-il nommé l'âge d'or ?

6 **a.** Quels changements les hommes vivent-ils ensuite jusqu'à l'âge de fer ?

b. Relevez les termes qui appartiennent au champ lexical du mal.

JE LIS ET JE COMPARE

Jacques Lacarrière à propos d'Hésiode

L'écrivain Jacques Lacarrière, passionné d'études grecques, rapporte la façon dont le poète grec Hésiode (VIIIe-VIIe siècle avant J.-C.) décrit l'âge d'or :

« Lorsque les dieux et les mortels commencèrent à naître ensemble, les habitants des demeures célestes créèrent l'âge d'or : c'était au temps où Cronos régnait encore dans le ciel. Tous les humains vivaient comme des dieux dans une sécurité profonde, sans

QUESTIONS SUR LE TEXTE 3

chagrins, sans souffrances. La vieillesse importune n'existait pas. Les pieds, les mains conservaient toujours la même force, la même agilité ; on passait la vie dans des festins continuels, dans un bonheur parfait. On mourait comme on s'endort quand on tombe de sommeil. On était dans l'affluence de tous les biens. Sans culture, la terre fertile produisait tous les fruits ; on jouissait purement et doucement des biens les plus désirables. »

Jacques Lacarrière, *Au cœur des mythologies*,

7 Quelle vie les hommes mènent-ils durant l'âge d'or ? Relevez les termes exprimant une négation et appuyez-vous sur un champ lexical (quatre expressions).

8 De quel passage du texte de la *Genèse* (p. 46) peut-on rapprocher les textes d'Ovide et d'Hésiode ?

LE SAVIEZ-VOUS ?

Le mythe de Prométhée

D'après *La Théogonie* d'Hésiode (voir p. 17), c'est Prométhée qui créa les hommes à partir d'une motte d'argile. Il leur donna un corps proche de celui des dieux ; puis la déesse Athéna introduisit le souffle de la vie dans ces corps d'argile. Malgré le refus de Zeus, Prométhée leur enseigna la métallurgie et d'autres arts. Après la victoire des nouveaux dieux sur les Titans, Prométhée donna aussi aux hommes le feu, qu'il avait dérobé aux divinités, et entra ainsi en conflit avec Zeus, qui le fit enchaîner sur le mont Caucase pour y avoir chaque jour le foie dévoré par un aigle. Héraclès le délivra au cours de ses douze travaux. Mais pour ne pas aller contre le serment de Zeus, qui avait juré que le Titan resterait à jamais enchaîné au Caucase, Prométhée dut porter durant toute sa vie une bague de fer provenant de ses chaînes et accolée à un fragment du Caucase.

« Abassi créa une femme et il créa un homme... »

Dans la mythologie du peuple Efik (qui vivait dans le sud-est du Nigeria), Abassi était le dieu suprême et le créateur de l'humanité, tandis que son épouse Atai était la mère et la médiatrice.

Par un long jour d'ennui qui ne voulait pas finir, qui paraissait éternel comme un dimanche gris, Abassi créa une femme et il créa un homme. Il bâilla, la main contre la bouche, et les nomma « humains ». Il ne savait qu'en faire. Son épouse, Atai, vint tout contre lui et lui souffla à l'oreille : « Mets-les donc sur la Terre verte et bleue que tu as créée. Ils y seront tranquilles et nous ne les aurons pas tout le jour dans les pattes. » Abassi n'était pas certain que l'idée fût très bonne, mais il s'ennuyait tellement qu'après tout, soupira-t-il, pourquoi pas.

Afin d'éviter que cette nouvelle création ne se mette à cultiver, à chasser, à se développer, Abassi et Atai invitaient chaque soir la femme et l'homme à partager leur repas. Abassi les appelait « mes enfants », leur caressait le crâne. Atai servait de petits plats.

Ces repas étaient gais et Abassi se faisait parfois la remarque que ces deux-là, ces deux humains, l'attendrissaient un brin[1].

1. Un brin : un petit peu.

Ils étaient un peu niais[2], certes, mais le dieu ne voulait surtout pas qu'il en fût autrement. Il leur prodiguait des conseils qu'ils n'écoutaient que d'une oreille, il servait un peu de vin et cela semblait leur plaire. Leur maladresse et leur naïveté étaient touchantes ; Abassi se calait contre son siège et poussait des soupirs : il était bienheureux. Au moment des au revoir, Atai et Abassi se trouvaient toujours un peu tristes.

Sur Terre, l'homme passait ses journées allongé à l'ombre d'un catalpa[3] et rêvassait ; il songeait aux repas à venir et aux petits verres de vin délicieux. La femme, elle, jardinait en cachette et faisait pousser des légumes et des fruits sur le talus derrière leur maison.

Elle rapporta un matin de quoi manger pour le jour et, le soir, Abassi et Atai ne virent pas venir leurs deux invités. Le repas refroidissait et Abassi se tenait la tête entre les mains.

Le lendemain matin, la brume s'était levée sur les monts bleus et la femme, fraîchement réveillée, appela l'homme et lui proposa de l'accompagner jusqu'au talus. Lorsqu'ils revinrent, ils se pressaient l'un contre l'autre et se tenaient la main. La femme était enceinte.

« C'était une bien bonne idée de les mener sur la Terre ! »

Abassi pleurnichait.

« Ils trouvent tout, à manger et à boire. Nos enfants, nos "humains", savent se passer de nous. » Il appela Atai. « Regarde ! »

---

2. Niais : sots.
3. Catalpa : arbre à très grandes feuilles et à fleurs en grosses grappes.

L'homme et la femme se tenaient sous le préau de leur maison, trois enfants couraient dans la poussière ; Abassi et Atai, penchés là-dessus, pouvaient entendre les rires des enfants et les mots tendres des amants.

Les larges épaules d'Abassi étaient secouées de sanglots. Atai enlaça son dieu de mari et, pour le consoler, envoya la jalousie et la mort sur la Terre et les hommes. Ils apprendraient qu'il n'est pas si facile d'abandonner les dieux.

Benoît Reiss et Alexios Fjoyas, *Aux origines du monde*,

Anonyme, *Homme et Femme agenouillés*, sans date, terre cuite, collection particulière.

QUESTIONS SUR LE TEXTE 4

AI-JE BIEN LU ?

1 Qui sont Abassi et Atai ?

2 **a.** Quels êtres Abassi crée-t-il ?

b. Dans quel lieu les place-t-il ? Est-ce son idée ?

c. Pourquoi Abassi et Atai les invitent-ils chaque soir ?

3 Pourquoi Abassi est-il triste à la fin du conte ?

4 Comment Atai le console-t-elle ?

J'EXPLIQUE LE TEXTE

La création de l'homme et de la femme

5 Dans quel état d'esprit Abassi se trouve-t-il le jour où il crée l'homme et la femme ? Appuyez-vous sur un champ lexical.

6 **a.** Abassi sait-il quelle fonction donner aux humains ? Relevez la phrase qui l'indique.

b. Cette création est-elle, selon vous, planifiée ou due au hasard ?

Abassi et sa création

7 **a.** Quels sont les traits de caractère de ces humains ?

b. Quels sont les sentiments d'Abassi et Atai envers le couple ?

8 **a.** Que cherchent-ils à éviter à tout prix ? Pourquoi ?

b. Comment s'y prennent-ils pour contrôler le couple ?

La chute et la morale

9 **a.** De l'homme ou de la femme, lequel est le plus actif sur Terre ? Justifiez votre réponse.

b. Quelles vont être les conséquences de la « désobéissance » de la femme ?

10 Comment ce conte explique-t-il la présence du mal ?

J'ÉTUDIE LA LANGUE

Grammaire : l'attribut du sujet

> L'**attribut du sujet** permet de **caractériser** le sujet par l'intermédiaire d'un **verbe d'état** (être, paraître, sembler, devenir, rester, se trouver...).

11 Relevez les adjectifs attributs du sujet dans les lignes 19 à 26.

Vocabulaire : -asser, un suffixe péjoratif

> Un **suffixe** est un élément que l'on place **après le radical** pour former un mot nouveau (ex. : *rêve*, radical *rêv-* ; *rêv-eur* ; *rêv-erie*).
> Le suffixe *-asser* donne au verbe une valeur péjorative : « Sur terre [...], l'homme rêvassait ».

12 Donnez le sens des mots suivants en vous aidant du dictionnaire, puis trouvez l'intrus dans la liste : **a.** rêvasser ; **b.** traînasser ; **c.** repasser ; **d.** grognasser ; **e.** bavasser.

J'ÉCRIS

J'écris un récit et avance des arguments

13 Imaginez le premier repas en tête-à-tête de l'homme et de la femme.

> CONSIGNES D'ÉCRITURE
> - Le récit sera au passé et à la 3e personne.
> - Introduisez un court dialogue : l'homme confie à sa femme sa crainte d'avoir déplu aux dieux ; la femme le persuade qu'ils ne font rien de mal.

TEXTE 5 CONTE CHINOIS

« La déesse Nü Wa[1] se sentait vraiment seule... »

Pan Gu a créé le monde (voir p. 23) et peu à peu la vie prospère sur la terre. Mais dans le ciel, une déesse s'ennuie en secret.

Au tout début des temps, quand le ciel et la terre se sont séparés, le monde était complètement désert. La déesse Nü Wa se promenait sur ce terrain morne[2] et se sentait vraiment seule. Elle se disait : « Pour que l'univers soit plus vivant, il faudrait lui ajouter quelque chose. » Après avoir réfléchi longtemps, elle s'est accroupie près d'une mare. Elle en a creusé le bord pour ramasser un peu d'argile qu'elle a malaxée avec de l'eau. Enfin, s'inspirant du reflet de sa silhouette dans l'eau, elle a modelé une forme qui ressemblait à un enfant. À peine posée à terre, la statuette est devenue vivante. L'enfant criait à tue-tête et sautait de joie. Elle lui a donné le nom d'« humain ». Il était certes jeune, mais, créé des propres mains de la déesse, il semblait doté du talent inné de gouverner le monde. Nü Wa était très satisfaite de son œuvre, alors elle a continué : elle a façonné des boulettes d'argile, auxquelles elle ajoutait de l'eau, fabriquant ainsi de nombreux humains.

Avoir créé ces êtres vivants l'étonnait et lui apportait du réconfort. Alors, elle a travaillé sans relâche et de ses

1. Nü Wa : Nü se prononce comme le « nu » de « nuée » et Wa comme le « oi » de « oiseau ».
2. Morne : triste.

mains tombaient de nombreux humains qui prenaient vie sur le sol. Ils étaient bien vivants ! Des rires fusaient de partout et Nü Wa ne se sentait plus seule du tout.

Nü Wa voulait que ces adorables petites créatures peuplent toute la Terre. Or la Terre est vraiment immense ! Elle a travaillé longtemps, jusqu'à ce qu'elle n'en puisse plus. À la fin, elle a saisi au hasard une liane qui pendait de la falaise, l'a plongée dans la flaque de boue, a remué la boue humide et jaune et elle en a aspergé la Terre. À sa grande surprise, elle a vu qu'à l'endroit où tombaient les gouttes de boue apparaissaient aussitôt des humains bien vivants ! Très vite, la Terre s'est trouvée entièrement habitée par les humains.

Cependant, elle se demandait encore : « Comment faire pour que l'espèce humaine perdure[3] ? Chez les humains il y a la mort, mais je ne vais quand même pas en fabriquer de nouveaux à chaque fois que des humains meurent ! » Alors Nü Wa a instauré le mariage chez les humains, afin qu'ils fabriquent eux-mêmes les prochaines générations. Nü Wa a donc été la première marieuse. C'est pourquoi les humains des siècles suivants lui ont voué un culte en tant que « marieuse sacrée », c'est-à-dire comme déesse des mariages.

« Nü Wa crée les hommes », conte de Chine,
traduit et adapté du chinois par Domitille Germain,

3. **Perdure :** continue à exister, se perpétue.

QUESTIONS SUR LE TEXTE 5

AI-JE BIEN LU ?

1. De quel pays ce conte est-il originaire ?
2. Qui est la déesse créatrice ?
3. De quelle façon a-t-elle créé le premier humain ?
4. Comment les humains se sont-ils multipliés sur Terre ?

J'EXPLIQUE LE TEXTE

La déesse Nü Wa et sa création

5. **a.** Quelles raisons ont poussé Nü Wa à créer l'homme ?
b. Quel matériau utilise-t-elle ?
6. **a.** De quel modèle s'inspire-t-elle pour façonner l'homme ?
b. Quel est l'aspect du petit être créé ? Comment la vie se manifeste-t-elle chez lui ?
c. Selon la déesse, de quoi cet humain sera-t-il capable ? Pourquoi ?
7. **a.** Quels sentiments Nü Wa éprouve-t-elle devant sa création ?
b. Qu'a-t-elle inventé pour que l'espèce humaine perdure ?
8. De quoi est-elle donc la déesse ?

LE SAVIEZ-VOUS ?

Les gouttes de boue

On raconte que les hommes façonnés des mains de Nü Wa devinrent nobles et riches, tandis que ceux qui furent créés à partir des gouttelettes restèrent pauvres et humbles.
Lorsqu'elle se rendit compte que ses petits personnages étaient mortels et que l'espèce finirait par s'éteindre, Nü Wa les divisa en hommes et en femmes pour leur permettre de se reproduire.

TEXTE 6 NOUVELLE CONTEMPORAINE

« ...un solitaire allait et venait, un rouleau sous le bras... »

Dino Buzzati (1906-1972) est un écrivain italien. Dans un recueil de nouvelles (récits courts) intitulé Le K, *il imagine à sa façon la Création. Le Tout-Puissant a déjà créé l'univers lorsqu'un ange architecte lui suggère d'ajouter une planète, la Terre, et d'y produire la vie. Mais ce n'est pas tout...*

Pendant ce temps, au milieu de toute cette foule d'esprits qui se pressaient et se bousculaient autour du Tout-Puissant, assoiffés de louanges[1], un solitaire allait et venait, un rouleau sous le bras ; importun[2], fâcheux[3], ô combien assommant ! Il avait un visage intelligent, cela oui, on ne pouvait pas le nier. Mais une telle opiniâtreté[4] ! Une vingtaine de fois au moins, il chercha à se faufiler au premier rang à coups de coude pour attirer l'attention du Seigneur. Mais sa véhémence[5] orgueilleuse agaçait. Et ses collègues, feignant[6] de l'ignorer, le repoussaient en arrière.

Il fallait autre chose pour le décourager. Et aïe donc, il réussit finalement à parvenir aux pieds du Créateur et,

1. **Louanges :** éloges.
2. **Importun :** quelqu'un qui gêne, qui ennuie.
3. **Fâcheux :** personne gênante.
4. **Opiniâtreté :** volonté tenace, entêtement.
5. **Véhémence :** emportement.
6. **Feignant :** faisant semblant.

avant que ses compagnons aient eu le temps de l'en empêcher, il déploya le rouleau, offrant aux regards divins le fruit de son talent. Les dessins représentaient un animal dont l'aspect était vraiment désagréable, pour ne pas dire répugnant, mais qui frappait, toutefois, parce que totalement différent de tout ce qu'on avait vu jusqu'alors. D'un côté était représenté le mâle, de l'autre la femelle. Comme beaucoup d'autres bêtes, ils avaient quatre membres mais, du moins à en juger d'après les dessins, ils n'en n'utilisaient que deux pour marcher. Pas de poils, si ce n'est quelques touffes çà et là, spécialement sur la tête, comme une crinière. Les deux membres antérieurs pendouillaient sur les côtés d'une façon un peu ridicule. Le museau ressemblait à celui des singes, qui avaient déjà été soumis avec succès à l'examen. La silhouette n'était plus fine, harmonieuse et galbée[7] comme celle des oiseaux, des poissons, des coléoptères, mais dégingandée[8], gauche[9] et dans un certain sens indécise, comme si le dessinateur, au moment critique, s'était senti découragé et fatigué.

Le Tout-Puissant jeta un coup d'œil.

– On ne peut pas dire que ce soit bien beau ! observa-t-il en adoucissant par l'amabilité du ton la sévérité de son jugement, mais peut-être cet animal a-t-il quelque utilité particulière ?

– Oui, ô Seigneur, confirma l'importun. Il s'agit, modestie mise à part, d'une invention formidable. Ceci serait

---

7. Galbée : aux courbes élégantes.
8. Dégingandée : qui a une allure maladroite en raison de membres trop longs.
9. Gauche : maladroite.

l'homme et cela la femme. Indépendamment de l'aspect physique, qui, je l'admets, est discutable, j'ai cherché à les faire de telle façon qu'ils soient, pardonne-moi ma hardiesse, à ta ressemblance, ô Très-Haut. Ce sera, dans toute la création, le seul être doué de raison, l'unique qui pourra se rendre compte de ton existence, l'unique qui saura t'adorer. En ton honneur il bâtira des temples grandioses et il livrera des guerres terriblement meurtrières.

– Aïe, aïe, aïe ! Tu veux dire que ce serait un intellectuel ? fit le Tout-Puissant. Fais-moi confiance, mon fils, non, pas d'intellectuels. L'univers en est exempt[10], par chance, jusqu'à présent. Et j'espère qu'il restera tel jusqu'à la fin des millénaires. Je ne nie pas, mon garçon, que ton invention soit ingénieuse[11]. Mais peux-tu m'assurer de son éventuelle[12] réussite ? Que cet être que tu as imaginé soit doué de qualités exceptionnelles, c'est possible, mais à en juger d'après sa mine, il m'a tout l'air d'être une source d'embêtements à n'en plus finir. Cependant, je dois dire que j'ai pris plaisir à constater ton habileté. Je serai même heureux de te remettre une médaille. Mais je crois prudent que tu renonces à ton projet. Ce type-là, si je lui donnais un tant soit peu de mou[13], serait bien capable un jour ou l'autre, de me manigancer[14] les pires ennuis. Non, non, laissons tomber.

Et il le congédia[15] d'un geste paternel.

10. Exempt : dépourvu.
11. Ingénieuse : pleine d'esprit, d'invention.
12. Éventuelle : possible.
13. Un tant soit peu de mou : un peu de liberté.
14. Manigancer : préparer quelque chose secrètement, de façon plus ou moins honnête.
15. Congédia : renvoya, lui dit de partir.

La journée avait été mémorable[16] et heureuse.

L'importun allait et venait encore, infatigable et oh ! tellement ennuyeux avec son porte-documents. Il regardait sans cesse là-haut, quêtant dans la pupille du Maître un signe de contrordre.

La nuit descendait. Les dessinateurs, ayant obtenu le suprême accord, s'en étaient allés, satisfaits, qui d'un côté, qui d'un autre[17]. Un peu las[18], le Sublime se retrouva seul dans les immensités, qui se peuplaient d'étoiles. Il allait s'endormir, en paix...

Il sentit qu'on tirait doucement le bord de son manteau. Il ouvrit les yeux, abaissa son regard et vit cet importun qui retournait à la charge : il avait de nouveau déroulé son dessin et le fixait avec des yeux implorants[19]. L'homme ! quelle idée folle, quel dangereux caprice. Mais dans le fond quel jeu fascinant, quelle terrible tentation. Après tout, peut-être cela en valait-il la peine. Bah ! advienne[20] que pourra. Et puis, en période de création, on pouvait bien se montrer optimiste.

– Allons, donne-moi ça, dit le Tout-Puissant en saisissant le fatal projet.

Et il y apposa sa signature.

Dino Buzzati, « La Création », in *Le K* (1966), Éd. Robert Laffont, 1967.

16. **Mémorable :** dont on se souviendra.
17. **Qui d'un côté, qui d'un autre :** chacun de son côté.
18. **Las :** fatigué.
19. **Implorants :** suppliants.
20. **Advienne :** arrive.

AI-JE BIEN LU ?

1 À quelle époque cette nouvelle a-t-elle été écrite ?
2 Quel personnage a l'idée de créer l'homme ?
3 À qui présente-t-il son projet ? Sous quelle forme ?
4 Le projet est-il rapidement accepté ?

J'EXPLIQUE LE TEXTE

L'esprit-créateur

5 **a.** Relevez les termes qui caractérisent le personnage qui a imaginé l'homme. Sont-ils mélioratifs ou péjoratifs ?
b. Quels sont ses défauts aux yeux de ses collègues et même du Tout-Puissant ?
6 Quelle qualité essentielle lui permet de faire accepter son idée?
7 Quels arguments avance-t-il pour convaincre le Tout-Puissant ?

La créature

8 Relevez les termes qui caractérisent les créatures présentées au Tout-Puissant. Sont-ils valorisants ou dévalorisants ?
9 **a.** Quel jugement le Tout-Puissant porte-t-il sur ces créatures ?
b. Que pense-t-il notamment des intellectuels ?
10 **a.** Pourquoi le Tout-Puissant pense-t-il que l'esprit-créateur doit renoncer à son projet ?
b. Donnez les raisons pour lesquelles il finit par accepter de le signer.

QUESTIONS SUR LE TEXTE 6

La parodie et l'humour

- La **parodie** est l'**imitation amusante** d'une œuvre sérieuse.
- L'**humour** est une **forme d'esprit** qui s'attache à mettre en valeur avec drôlerie le caractère comique, ridicule, absurde ou insolite de certains aspects de la réalité.

11 **a.** Pourquoi ce texte est-il une parodie ?
b. Quelles situations et attitudes vous ont amusé(e) ?

12 Parmi les arguments destinés à persuader le Tout-Puissant, relevez celui qui, aux yeux du lecteur, contrairement à ceux de l'esprit-créateur, est totalement négatif.

JE FORMULE MES IMPRESSIONS

13 Pourquoi, selon vous, le narrateur qualifie-t-il le projet de « fatal » (l. 85) ?

J'ÉTUDIE LA LANGUE

Les niveaux de langue

On doit choisir un **niveau de langue adapté** à la personne à laquelle on s'adresse dans une situation donnée. Il existe trois niveaux de langue : **familier** (ex. : bouffer), **courant** (ex. : manger) et **soutenu** (ex. : se restaurer).

14 **a.** Relevez dans les paroles du Tout-Puissant (l. 48 à 63) des mots et expressions d'un niveau de langue familier.
b. S'attend-on à ce langage de la part de Dieu ? Quel est l'effet produit ?

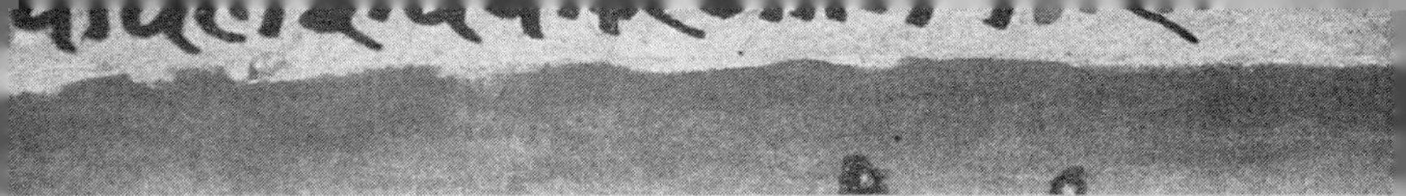

Matsya, le poisson (incarnation de Vishnu), miniature indienne, XVIIIe siècle, collection particulière, Rajasthan.

La re-création du monde

TEXTE 1 L'ÉPOPÉE DE GILGAMESH

« Faire naître de l'épreuve une nouvelle humanité »

L'Épopée de Gilgamesh, *première œuvre littéraire que nous connaissions (vers 2500 avant J.-C.), nous est parvenue grâce à des tablettes d'argile en écriture cunéiforme découvertes au* XIXe *siècle à Ninive (Irak). Elle raconte l'histoire de Gilgamesh, le puissant roi d'Ourouk (Mésopotamie), brutal et autoritaire. Affecté par la disparition de son ami Enkidou, le héros est hanté par la peur de sa propre mort et part à la recherche du seul homme immortel, Outa-napishti, qui vit caché au bout du monde et pourra sans doute lui livrer le secret de l'immortalité. Après une longue marche et de nombreuses épreuves, il rencontre enfin le vieil homme, qui le conduit chez lui et lui raconte comment sa femme et lui ont survécu au déluge ordonné par les dieux.*

Chapitre 17

La maison d'Outa-napishti ne paie pas de mine. Minuscule cabane de roseaux au bord d'une rivière. Mais quand ils y pénètrent, elle se révèle aussi vaste qu'un palais.

Une femme les y accueille. Petite, légère, le visage généreux, comme la pleine lune.

« Je te présente mon épouse, dit Outa-napishti. Elle ne m'a jamais quitté et m'a accompagné dans le grand voyage de l'Arche.

– L'Arche ?

– Je vais t'expliquer. Mais d'abord, assieds-toi sur cette natte, mange un pain et bois une coupe de bière[1]. »

Quand Gilgamesh a bu et mangé, Outa-napishti entame son récit.

« J'étais roi, jadis, comme toi, et je régnais sur la ville de Shouroupak. Un jour que je priais dans ma maison, j'entendis une voix qui parlait à mes murs. Elle disait : "Palissade de roseaux, écoute-moi. Je détiens un secret que j'ai promis de ne pas révéler aux hommes. Il est très grave et je veux te le confier, car je sais que toi, chère palissade, tu te tairas."

« J'avais reconnu la voix d'Ea[2], mon dieu, et compris que c'était à moi qu'il s'adressait en réalité.

« "Les dieux, poursuivit-il, ont décidé d'anéantir les hommes en les noyant sous un déluge d'eau. Il faut te mettre à l'abri, car personne n'en réchappera. Voici ce que tu vas faire.

« "Commence par démolir ton palais et récupères-en le bois. Il t'a vu vivre, il connaît ta voix, tes pensées. Il respire du même souffle que toi. Ce bois, c'est toi. Utilise-le pour construire ton refuge : une Arche, en forme de cube, de soixante mètres d'arête. Répartis sa hauteur sur sept étages, autour d'un mât central qui servira de support. Aménage neuf chambres par niveau où tu entreposeras tout ce qu'il te faut pour vivre, à ta femme et à toi. Ensuite, attends mon signal.

1. Une coupe de bière : la bière, produite à partir de l'orge, a été inventée en Mésopotamie.
2. Ea : fils du dieu Anou, créateur de l'humanité (voir p. 44).

«– Mais, Ea, lui demandai-je, que vais-je dire à mes sujets ? Quand ils vont me voir détruire ma maison, ils vont me prendre pour un fou.

«– Dis-leur qu'Enlil[3] est en colère après toi, qu'il veut te punir et que tu dois les quitter pour qu'ils soient épargnés. Quant au signal de l'imminence[4] du Déluge, il viendra du ciel.

« "Un matin, il pleuvra du blé dur. Puis, quantité d'oiseaux se laisseront capturer, une profusion de poissons alourdiront les nasses[5]. Et le soir, des averses de blé tendre achèveront cette journée.

« "Toi, n'écoute pas les cris de joie. Entre dans l'Arche avec ta femme, calfeutre-toi[6] bien et attends. La fin du monde est proche."

« Tu imagines mon trouble, après une telle révélation ! ajoute Outa-napishti. Mais pas un instant je n'ai douté de mon dieu et j'ai suivi tous ses conseils, sans le moindre regret.

« J'ai donc démoli mon palais et construit un nouveau chez-moi. Pas seul, bien sûr. Tous mes charpentiers étaient là pour scier, mortaiser[7], ajuster, cheviller[8]. Une fois la carcasse dressée, on la recouvrit de planches de cèdre et l'on fit fondre du bitume[9] pour calfater[10] les joints. [...]

---

3. **Enlil :** fils du dieu Anou, sorte de Premier ministre.
4. **Imminence :** approche, proximité.
5. **Nasses :** filets de pêche.
6. **Calfreutre-toi :** enferme-toi.
7. **Mortaiser :** entailler.
8. **Cheviller :** assembler.
9. **Bitume :** goudron.
10. **Calfater :** rendre étanche.

« Je compris ainsi l'intention d'Ea. Il me confiait, à moi, la mission de faire naître de l'épreuve une nouvelle humanité. Ea qui voit loin est un grand dieu.

« Tous les travaux furent achevés en cinq jours.

« Alors, le chargement commença et chacun m'offrit, en souvenir, ce qu'il possédait de plus précieux. Le scribe apporta des tablettes de signes et un calame[11], le maçon un moule à briques et un niveau, le jardinier un palmier et une houe[12], le joaillier une lyre à tête de taureau et un creuset[13], le sculpteur une statue d'albâtre et un ciseau, le pêcheur un filet, le chasseur un arc, le berger une houlette[14]...

« Tout le savoir des hommes à la tête noire trouva refuge dans l'Arche et, ainsi équipée, on la fit rouler jusqu'au fleuve sur un chemin de rondins. Après quoi, je donnai une grande fête, pareille à celle de l'Akitou du printemps, car c'était un renouveau de l'Homme que le désastre préparait.

« Le lendemain de cette fête, la première averse de blé dur se déversa sur le pays. Le signal ! Je frémis d'émotion. Mon peuple, lui, poussait des cris de joie en bénissant les dieux. Chacun se précipitait avec des paniers pour ramasser le blé, des arcs pour abattre les oiseaux, relevait les nasses chargées de poissons.

« Personne ne remarqua mon départ.

11. Calame : roseau taillé servant à écrire.
12. Houe : sorte de pioche servant à préparer la terre.
13. Creuset : récipient creux.
14. Houlette : bâton de berger.

« Posément[15], je fis le tour de mon royaume. Je visitai mes troupeaux et mes parcs animaliers. J'y prélevai un couple de chaque espèce domestique et sauvage. Je les installai dans tous les compartiments de l'Arche, du niveau le plus bas jusqu'au plus élevé, selon leur aptitude à évoluer. Puis je fis monter mon épouse bien-aimée. Je refermai l'écoutille[16] sur nous et la calfeutrai soigneusement, avec de la filasse et du goudron.

« Le compte à rebours était lancé. Nous attendions le grand commencement.

« Tout se figea soudain. Les bêtes et les choses savaient et se taisaient. Alors un choc sourd, au fin fond de l'espace, fracassa les digues[17]du ciel et toutes ses réserves d'eau douce roulèrent en grondant, déchiquetèrent la voûte céleste et s'abattirent sur la terre.

« Les villes furent balayées d'un coup et les hommes, hachés comme de la paille. Rien ne résista. Tout fut broyé, battu, liquéfié. La nuit noircissait le monde, et les épées de la pluie saignaient l'obscurité à blanc.

« Même les dieux étaient terrifiés par ce qu'ils avaient provoqué. Ils en avaient perdu le contrôle et Déluge, tel un jeune monstre, n'obéissait qu'à lui-même et s'en donnait à cœur joie.

« L'Arche résistait bien. La crue[18] l'avait emportée et elle dérivait, bercée par le flot du nouvel océan.

---

15. Posément : tranquillement, sans hâte.
16. Écoutille : ouverture sur le pont d'un navire qui donne accès aux étages inférieurs.
17. Digues : murets permettant de contenir les eaux (ici, sens imagé).
18. Crue : débordement des eaux.

« Mon heure était venue. Une grande tension régnait autour de moi et je devais ramener la sérénité. Aussi, je descendis au premier niveau, celui des bêtes les plus féroces, et je restai longtemps, dans chaque compartiment, afin de les apaiser. Puis je recommençai avec les animaux du deuxième niveau, du troisième, et ainsi jusqu'au septième, en m'élevant le long du mât central de l'Arche.

« Dans chaque loge, je recueillais la peur, la cruauté, la fourberie[19], la panique, la brutalité, la soumission. En échange, j'offrais des contraires : la confiance, la bonté, la franchise, le calme, la douceur, l'indépendance. J'apprivoisais, j'éduquais, j'apprenais à chacun qu'il existait d'autres manières d'être que la sienne. J'accomplissais ainsi la mission confiée par Ea : enfanter[20] une vie nouvelle qui, peu à peu, se rassemblait dans mon cœur.

« Lorsque j'eus terminé, je fis sauter l'écoutille et sortis à l'air libre.

« Dehors, un océan jaune s'étendait à perte de vue et des montagnes, çà et là, crevaient les eaux et pointaient leurs doigts vers le ciel.

« Immobile, l'Arche se remit à tanguer. Un faible courant l'entraînait. La décrue commençait.

« J'envoyai une colombe en éclaireur, avec une recommandation :

« "Va annoncer aux eaux limoneuses[21] qu'une vie nouvelle est née dans l'Arche."

19. Fourberie : hypocrisie, perfidie.
20. Enfanter : créer.
21. Limoneuses : boueuses.

« Elle s'envola, revint une fois sa mission accomplie, et se blottit en moi.

« J'envoyai alors une hirondelle, avec cette consigne :

« "Va dire que la vie nouvelle est prête à se développer."

« Elle disparut, revint après m'avoir obéi, et s'endormit dans le cœur de mon épouse.

« Enfin, je libérai un corbeau en lui disant :

« "Tu es robuste et perspicace. Va ! Trouve un rivage et installe-toi sur la terre."

« Le corbeau reprit sa liberté et ne revint jamais.

« Peu après, mon vaisseau s'échoua sur une rive. Aussitôt, j'ouvris toutes les écoutilles. Alors, la lumière intérieure de l'Arche jaillit et épousa la lumière du jour.

« Arrivé à terre, je dressai un bûcher pour remercier les dieux. Roseau, cèdre, myrte. Le parfum de la fumée les surprit et ils arrivèrent en se bousculant pour avoir l'explication de ce mystère.

« "Des hommes ! s'exclamèrent-ils. Il en reste donc ! Hourra ! Rien n'est perdu !"

« Tous étaient heureux. Ils dansaient comme des enfants, soulagés de retrouver leur jouet favori, qu'ils croyaient perdu à jamais. Tous, sauf Enlil, d'une humeur massacrante.

« "Comment peut-il en rester ? vociféra-t-il en nous voyant. J'avais dit : 'Mort à l'homme et silence dans les rangs !' Qui a parlé ?

« – Moi ! se dénonça Ea.

« – Évidemment ! J'aurais dû m'en douter. Traître !

« – Absolument pas. Je n'ai pas trahi notre serment. Je ruminais ta décision à haute voix, car elle me troublait. Et Outa-napishti, qui était dans les parages, m'a entendu. Maintenant, si tu veux les faire disparaître, lui et sa femme…

« – Non, non ! protestèrent les autres dieux, bruyamment. Nous avons besoin des hommes ! Profitons de ces deux-là pour en refaire de nouveaux. Nous n'allons tout de même pas nous remettre à travailler !"

« Cela persuada Enlil.

« "Bon ! C'est entendu, gardons-les ! Et puis, tenez, puisque tout le monde applaudit, je ne vais pas bouder votre plaisir. J'y participe aussi en me fendant d'un cadeau."

« Il se tourna vers nous.

« "Voilà ! poursuivit-il sur sa lancée. Pour avoir si bien survécu à mon Déluge, je vous fais immortels. Les maladies, le chagrin et la mort n'auront plus aucune prise sur vous. Mais… parce qu'il y a un *mais*, comme une nouvelle humanité va naître et que je n'ai pas envie que votre exemple fasse tache d'huile, vous vivrez seuls, au bout du monde, hors d'atteinte des hommes. C'est le prix à payer et pas question de discuter !" »

Jacques Cassabois, *Le premier roi du monde – L'Épopée de Gilgamesh*,

CARNET DE LECTURE

QUESTIONS SUR LE TEXTE 1

AI-JE BIEN LU ?

1 **a.** Pourquoi Gilgamesh va-t-il voir Outa-napishti ?
b. Quelle histoire ce dernier lui raconte-t-il ?
2 Quel dieu prévient Outa-napishti de l'arrivée du déluge ?
3 Quel est le rôle d'Outa-napishti dans l'histoire de l'Humanité ?

J'EXPLIQUE LE TEXTE

La mission d'Outa-napishti

4 Quelle ruse le dieu Ea emploie-t-il pour prévenir Outa-napishti (l. 14 à 22) ?
5 Quelle mission lui confie-t-il (l. 27 à 62) ? Relevez les verbes à l'impératif dans le passage.
6 Les antonymes

Les **antonymes** sont des mots de **sens opposé**.

a. Relevez les antonymes (l. 118 à 121).
b. Dans le cadre de sa mission, quels défauts Outa-napishti veut-il faire disparaître ? Par quelles qualités cherche-t-il à les remplacer ?

L'arche

7 **a.** Avec quel bois Outa-napishti a-t-il construit l'Arche ? Pourquoi ce choix ?
b. Quelle est sa forme ? Combien a-t-elle d'étages ?
8 **a.** Qui Outa-napishti a-t-il fait monter dans l'Arche ?
b. Quels objets a-t-il embarqués ? Appuyez-vous sur l'énumération des lignes 64 à 71.
c. S'agit-il d'objets importants ? Pourquoi ?

Le déluge

Un des thèmes de **l'épopée** est **l'affrontement** entre les hommes et les éléments. On y voit souvent les dieux intervenir pour modifier le cours des événements, ce qui donne au récit une dimension **merveilleuse**.

9 **a.** Quel dieu a décidé de provoquer le déluge ? Citez le texte.
b. Quels en sont les premiers signes ?

10 Quels sont les effets du déluge ? Relevez les mots appartenant au champ lexical de l'eau et de la destruction (l. 95 à 103).

11 Comparaisons et métaphores

• La **comparaison** rapproche deux éléments à l'aide d'un outil de comparaison (*comme, tel, semblable*…). Ex. : Les vagues hautes comme des montagnes.
• La **métaphore** crée une image en rapprochant deux éléments sans outil de comparaison. Ex. : Des torrents de pluie.

a. Identifiez les comparaisons et les métaphores :
– « un choc sourd fracassa les digues du ciel » (l. 96-97)
– « les épées de la pluie » (l. 102-103)
– « Déluge, tel un jeune monstre » (l. 105-106)
– « les hommes furent hachés comme de la paille » (l. 100-101)
b. Quelle image donnent-elles du déluge ?

12 Les dieux maîtrisent-ils complètement le phénomène du déluge ? Quel sentiment éprouvent-ils lors du cataclysme ?

13 À quels signes Outa-napishti comprend-il que le déluge est terminé (l. 128 à 149) ?

Les dieux et les hommes

14 **a.** Quelle est la réaction des dieux quand ils s'aperçoivent qu'il reste des hommes ?
b. Lequel est en colère ? Pourquoi ?
c. Pour quelle raison les dieux ont-ils besoin des hommes ?

QUESTIONS SUR LE TEXTE 1

15 Quel cadeau Enlil fait-il finalement à Outa-napishti et son épouse ? Quelle en est la contrepartie ?

J'ÉTUDIE LA LANGUE

Vocabulaire : autour du mot « déluge »

16 Donnez le sens des expressions suivantes :
a. Après moi le déluge.
b. Remonter au déluge.
c. Un déluge de paroles.
d. Une pluie diluvienne.
e. Un animal antédiluvien.

LE SAVIEZ-VOUS ?

Le déluge, châtiment divin

L'Épopée de Gilgamesh présente la plus ancienne version du déluge que nous connaissions. Les récits de déluge, considéré comme un châtiment divin, se retrouvent dans de nombreuses mythologies (Inde, Grèce, Rome, Mexique…) et dans les textes fondateurs des grandes religions (Bible, Coran).
Ces récits prennent appui sur des catastrophes naturelles qui ont probablement eu lieu.

TEXTE 2 RÉCIT BIBLIQUE

« Il ne resta que Noé »

La méchanceté des hommes empire et Dieu décide de les punir, à l'exception de Noé, un homme juste.

Dieu dit à Noé : « La fin de tout être vivant est arrivée, je l'ai décidé, car la terre est pleine de violence à cause des hommes et je veux les faire disparaître de la terre. Mais avec toi je veux conclure une alliance afin que tu ne périsses pas avec eux. Fais-toi une arche comme je te le dirai, tu y entreras, toi et tes fils, ta femme et les femmes de tes fils avec toi. Pour moi je vais amener le déluge sur la terre pour exterminer de dessous le ciel toute créature ayant souffle de vie : tout ce qui est sur la terre doit périr. »

Dieu expliqua à Noé comment faire le grand bateau de bois. « Tu feras à l'arche un toit par-dessus, tu placeras l'entrée de l'arche sur le côté et tu feras un premier, un second et un troisième étage ». Noé agit ainsi ; tout ce que Dieu avait commandé, il le fit.

Dieu lui ordonna de faire entrer dans l'arche deux êtres vivants de chaque espèce : un mâle et une femelle, pour les garder en vie. Noé fit comme Dieu le voulait. Il prit dans l'arche un couple de tous les animaux qui courent et qui volent, du plus grand au plus petit, afin qu'ils survivent, et il prit des provisions pour lui et tous les animaux. En toute chose il obéit à Dieu et fit tout ce que Dieu lui avait commandé.

Et Dieu dit : « Encore sept jours et je ferai pleuvoir sur la terre pendant quarante jours et quarante nuits et j'effacerai de la surface du sol tous les êtres que j'ai faits. Entre dans l'arche, toi et toute ta famille, car je t'ai vu seul juste à mes yeux parmi cette génération. » Et le Seigneur ferma la porte sur Noé.

Au bout de sept jours les eaux du déluge vinrent sur la terre. Toutes les sources du grand abîme jaillirent et les écluses[1] du ciel s'ouvrirent. La pluie tomba sur la terre pendant quarante jours et quarante nuits, les eaux grossirent et soulevèrent l'arche qui fut élevée au-dessus de la terre. Les eaux montèrent de plus en plus sur la terre et couvrirent toutes les plus hautes montagnes qui sont sous le ciel. Alors périt tout ce qui se mouvait sur la terre : oiseaux, bestiaux, bêtes sauvages, tout ce qui grouille sur la terre et tous les hommes. Le Seigneur fit disparaître tous les êtres vivants qui étaient à la surface du sol, depuis l'homme jusqu'aux bêtes, aux bestioles et aux oiseaux du ciel : ils furent effacés de la terre et il ne resta que Noé et ce qui était avec lui dans l'arche. Les eaux furent grosses sur la terre pendant plusieurs semaines.

Alors Dieu se souvint de Noé et de toutes les bêtes qui étaient avec lui dans l'arche ; Dieu fit passer un vent sur la terre et les eaux désenflèrent. Au septième mois, au dix-septième jour du mois, l'arche s'arrêta sur les monts d'Ararat[2]. Les eaux continuèrent de baisser trois mois durant et les sommets des montagnes apparurent.

---

1. **Écluses :** ici sens de digues, vannes.
2. **Monts d'Ararat :** massif volcanique de la Turquie orientale (Arménie).

Au bout de quarante jours, Noé ouvrit la fenêtre qu'il avait faite à l'arche et il lâcha le corbeau, qui alla et vint jusqu'à ce que les eaux aient séché sur la terre.

Alors Noé lâcha d'auprès de lui la colombe pour voir si les eaux avaient diminué à la surface du sol. La colombe, ne trouvant pas un endroit où poser ses pattes, revint vers lui dans l'arche, car il y avait de l'eau sur toute la surface de la terre ; il étendit la main, la prit et la fit rentrer auprès de lui dans l'arche. Il attendit encore sept autres jours et lâcha de nouveau la colombe hors de l'arche. La colombe revint vers lui sur le soir et voici qu'elle avait dans le bec un rameau tout frais d'olivier ! Ainsi Noé connut que les eaux avaient diminué à la surface de la terre. Il attendit encore sept autres jours et lâcha la colombe, qui ne revint plus vers lui.

Les eaux séchèrent sur la terre. Noé enleva la couverture de l'arche ; il regarda, et voici que la surface du sol était sèche !

Alors Dieu parla ainsi à Noé : « Sors de l'arche, toi et ta femme, tes fils et les femmes de tes fils avec toi. Tous les animaux qui sont avec toi, fais-les sortir avec toi : qu'ils pullulent sur la terre, qu'ils soient féconds et multiplient sur la terre. » Noé sortit avec ses fils, sa femme et les femmes de ses fils ; et tous les animaux sortirent de l'arche, une espèce après l'autre.

Dès qu'il fut à terre, Noé construisit un autel à Dieu, fit un sacrifice et remercia Dieu.

« Le récit du Déluge dans la Genèse », La Bible illustrée de Taizé, traduit et adapté de l'hébreu, © Éd. du Cerf, 1998.
Extrait de la Genèse 6 à 9.

QUESTIONS SUR LE TEXTE 2

AI-JE BIEN LU ?

1 Qui décide de provoquer le déluge ?
2 Pour quelle raison Noé et sa famille sont-ils épargnés ?
3 Comment s'appelle le grand bateau de bois dans lequel se réfugie Noé ?
4 Quels sont les deux oiseaux que Noé envoie pour vérifier que le déluge est terminé ?

J'EXPLIQUE LE TEXTE

La mission de Noé

5 Que reproche Dieu aux hommes ?
6 Quelle punition envisage-t-il ?
7 **a.** Quelle mission Dieu confie-t-il à Noé ?
b. Quel est le sens du mot « alliance » dans l'expression « mais avec toi je veux conclure une alliance » (l. 4) ?
8 Relevez les phrases qui indiquent que Noé obéit à Dieu (l. 10 à 22). Quel est l'effet produit ?
9 Quelle action Noé accomplit-il, à peine descendu de l'arche ?

Le déluge et les symboles bibliques

10 **a.** Quelle est la fonction de l'Arche que construit Noé ?
b. Combien de temps pleut-il ?
11 Quelles sont les conséquences du déluge ?
12 **a.** Où l'Arche s'échoue-t-elle ?
b. Comment Noé vérifie-t-il que le déluge est bien fini ?

> Un **symbole** est une image concrète (animal, objet...) qui évoque une idée ou quelque chose que l'on ne peut représenter.

13 De quoi la colombe et le rameau d'olivier sont-ils le symbole ?

J'ÉTUDIE LA LANGUE

Grammaire : les modes impératif et subjonctif

Les modes **impératif** et **subjonctif** permettent d'exprimer l'ordre (ex. : *Viens ! Qu'il vienne !*).

14 Écrivez les verbes suivants à l'impératif présent, puis au subjonctif présent, aux secondes personnes du singulier et du pluriel. *Ex. : Construire une arche : construis une arche ; construisez une arche ; il faut que tu construises/que vous construisiez une arche.*
a. Obéir aux ordres. **b.** Écouter ce que je vais dire. **c.** Monter dans l'arche. **d.** Emporter un couple de chaque espèce. **e.** Attendre que la pluie cesse. **f.** Repeupler le monde.

JE LIS ET JE COMPARE

Le récit du déluge dans le Coran

Le Coran, comme la Genèse, présente un récit du Déluge. Le prophète Noé, envoyé pour inviter le peuple à adorer Dieu, l'avertit qu'une terrible catastrophe surviendra s'il continue à prier les idoles. Mais personne ne l'écoute…

Nous[1] dîmes à Noé : « Emporte dans ce vaisseau un couple de chaque espèce, ainsi que ta famille, excepté celui sur qui le jugement a été prononcé[2]. Prends aussi tous ceux qui ont cru[3] : et il n'y eut qu'un petit nombre qui ait cru. »
Noé leur dit : « Montez dans le vaisseau. Il voguera et il s'arrêtera au nom de Dieu. Dieu est indulgent et miséricordieux[4]. »

1. Nous : Dieu parle par l'intermédiaire de Mahomet.
2. Celui sur qui le jugement a été prononcé : un des fils de Noé, considéré comme infidèle.
3. Tous ceux qui ont cru : cru en Dieu.
4. Miséricordieux : qui accorde son pardon aux coupables.

QUESTIONS SUR LE TEXTE 2

Et le vaisseau voguait avec eux au milieu de flots soulevés comme des montagnes. Noé cria à son fils qui était à l'écart : « Ô mon enfant ! monte avec nous, et ne reste pas avec les incrédules[5]. »
« Je me retirerai sur une montagne, dit-il, qui me mettra à l'abri des eaux. » Noé lui dit : « Nul ne sera aujourd'hui à l'abri des arrêts[6] de Dieu, excepté celui dont il aura eu pitié. » Les flots les séparèrent, et le fils de Noé fut submergé.
Et il fut dit : « Ô terre ! absorbe tes eaux. Ô ciel ! arrête ! » et les eaux diminuèrent.

Le Coran, sourate 11, 42-46, traduit de l'arabe par Kazimirski

15 **a.** Comparez les récits du déluge en complétant le tableau :

	Gilgamesh	Genèse	Coran
Qui provoque le déluge ?			
Pour quelles raisons ?			
Qui est épargné ?			
Qui donne des instructions pour échapper au déluge ?			
Qui monte sur l'arche ?			
Quelles sont les conséquences du déluge ?			

b. Quel personnage meurt noyé dans le Coran ? Pourquoi ?

---

5. Incrédules : qui ne croient pas en Dieu.
6. Arrêts : ordres.

TEXTE 3 MYTHOLOGIE ROMAINE

« L'eau monte, encore et encore. »

Dans les Métamorphoses, *Ovide raconte comment Jupiter décide d'anéantir le genre humain pour le punir de ses crimes.*

Deucalion et Pyrrha

Jupiter enferme l'Aquilon[1] et tous les vents qui chassent les nuages, et libère le Notus, le vent du sud qui amène la pluie. Le Notus lève son visage effrayant ; sa tête est couverte d'un épais et sombre nuage ; l'eau ruisselle de ses cheveux blancs et de ses ailes. Dès qu'il a pressé les nuages suspendus dans les airs, un grand bruit se fait entendre, et des torrents de pluie s'échappent du haut des cieux. La messagère des dieux, Iris à la robe d'arc-en-ciel[2], aspire les eaux de la mer et alimente les nuages. Les moissons sont renversées, les paysans se désolent.

Mais cela ne suffit pas à Jupiter. Il demande de l'aide à son frère Neptune qui accourt du fond de l'Océan. Il convoque les dieux des fleuves et leur demande de renverser les digues et de lâcher les eaux. Il parle : on obéit, et les fleuves roulent leurs flots furieux vers la mer, entraînant tout sur leur passage, hommes, arbres, troupeaux, maisons et sanctuaires[3] des dieux.

---

1. **Aquilon :** vent du nord.
2. **Iris à la robe arc-en-ciel :** messagère des dieux, l'arc en ciel était son écharpe. Les Anciens pensaient que l'arc-en-ciel gonflait d'eau les nuages.
3. **Sanctuaires :** temples.

L'eau monte, encore et encore. Les hommes se réfugient au sommet des collines ou tentent de s'enfuir dans une barque, naviguant au-dessus de ce qui était leur champ de blé, leur vigne, leur ferme. Des poissons sont perchés sur les arbres, les phoques se sont rassemblés là où broutaient les chèvres graciles[4] ; les dauphins habitent les forêts, et bondissent sur la cime des chênes. On voit nager le loup au milieu des brebis ; les flots entraînent les lions roux et les tigres farouches. Les oiseaux fatigués volent longtemps pour chercher une terre où reposer leurs ailes, et bientôt, ils se laissent tomber dans la mer.

La plus grande partie du genre humain périt dans les flots, et ceux que le déluge a épargnés meurent de faim.

La terre entière est recouverte par une immense étendue d'eau. Seul émerge le double sommet du mont Parnasse[5]. C'est là qu'échoue la petite barque de Deucalion et Pyrrha. Deucalion était le fils de Prométhée, le Titan qui avait modelé les hommes, et Pyrrha était à la fois son épouse et sa cousine. Tous deux étaient bons, épris de justice et fidèles adorateurs des dieux. Personne n'était meilleur qu'eux.

Ils ne virent autour d'eux qu'une immensité d'eau, aucun signe de vie…

Jupiter les remarqua et les prit en pitié. Il ordonna aux vents de souffler et de chasser les nuages. Dans la mer, Neptune dépose son trident[6]. Il appelle Triton[7],

4. Graciles : d'une délicatesse et d'une grâce fragile.
5. Mont Parnasse : montagne de Grèce, près de Delphes, où se tenaient Apollon, dieu de la poésie, et les Muses.
6. Trident : fourche à trois dents, attribut du dieu des mers.
7. Triton : dieu marin.

le dieu azuré aux épaules couvertes de coquillages, et lui demande de souffler dans sa trompette. Aussitôt, les fleuves regagnent leur lit, les eaux baissent lentement ; des collines et des arbres réapparaissent.

La terre retrouve sa forme première, mais elle est dévastée, déserte, silencieuse.

Les yeux de Deucalion se remplirent de larmes.

– Qu'allons-nous devenir, ma tendre épouse ? Nous sommes maintenant seuls au monde, tous les autres êtres vivants ont été ensevelis sous les eaux. Hélas ! que serais-tu devenue si tu avais seule survécu ? Et moi comment aurais-je pu te survivre si la mer t'avait engloutie ? Oh ! si seulement je pouvais façonner de nouveaux humains comme mon père, le Titan Prométhée, l'a fait autrefois !

Et tous deux pleuraient. Dans leur désespoir, ils décidèrent d'implorer la déesse Thémis[8] ; son sanctuaire se dressait non loin de là, sur les bords du fleuve Céphise[9] dont les eaux étaient encore boueuses. Quand ils eurent atteint les marches du temple, ils se prosternèrent et se mirent à prier la déesse de la justice.

– Dis-nous, Thémis, par quels moyens repeupler le monde. Accorde-nous ton secours, ô déesse.

La déesse, touchée, rendit cet oracle[10]:

– Quittez le temple, voilez votre tête et dénouez la ceinture de vos vêtements ; et jetez derrière vous les os de votre grand-mère.

---

8. Thémis : fille d'Ouranos et de Gaia, déesse de la justice.
9. Fleuve Céphise : fleuve de Béotie (Grèce).
10. Oracle : réponse donnée par un dieu à une question.

Étonnés, Deucalion et Pyrrha restèrent longtemps sans rien dire. Pyrrha la première osa parler d'une voix tremblante :

– Pardonne-moi, déesse, mais je redoute d'offenser l'ombre de ma mère morte.

Tous deux réfléchirent longuement aux propos de la déesse et en cherchèrent le sens mystérieux. Enfin Deucalion proposa à son épouse cette interprétation rassurante :

– Non, l'oracle ne nous demande pas de commettre un crime : notre grand-mère, c'est la Terre, et ses os, ce sont les pierres que nous devons jeter derrière nous.

Tous deux étaient encore inquiets et troublés ; mais ils décidèrent d'essayer. Tête voilée, ceinture dénouée, ils avancent en lançant des cailloux derrière eux.

Et ces cailloux en tombant perdent de leur dureté et s'amollissent ; peu à peu ils s'allongent et prennent une vague forme humaine. Les parties humides deviennent des chairs, les parties plus solides sont transformées en os. Et ainsi, en un court instant, les pierres lancées par Deucalion prirent la forme d'un homme, et celles lancées par Pyrrha la forme d'une femme.

Voilà pourquoi nous sommes une race dure et résistante au travail, nous qui sommes issus des pierres de la terre.

Ovide, *Les Métamorphoses*, extraits du livre I,
texte adapté du latin par Michelle Busseron
et Hélène Potelet, 2015.

AI-JE BIEN LU ?

1 Pour quelle raison Jupiter souhaite-t-il détruire les hommes ? Quel moyen a-t-il choisi ?
2 Quels personnages ont échappé au déluge ? Pourquoi ?
3 Comment recréent-ils l'humanité ?

J'EXPLIQUE LE TEXTE

Le déluge

L'allitération est la répétition d'un même **son consonne** dans une suite de mots (Ex. : Le bébé boit son biberon → allitération en *b*).

4 Relevez les champs lexicaux de l'eau et la violence (l. 1 à 32).
5 Quelles sonorités sont répétées l. 15 ? Quel est l'effet produit ?
6 **a.** Quels sont les bouleversements que provoque le déluge dans la nature et chez les animaux (l. 1 à 49) ?
b. Comment les hommes périssent-ils ?
7 Pour quelle raison Jupiter arrête-t-il le déluge ?
8 Quel est l'état de la terre lorsque les eaux se retirent ?

Deucalion et Pyrrha

9 Quel sentiment Deucalion et Pyrrha éprouvent-ils devant le spectacle qu'offre la terre ?
10 **a.** Que demandent-ils à Thémis ?
b. Pourquoi hésitent-ils, dans un premier temps, à obéir à l'oracle ?
c. Sur quel jeu de mots cet oracle est-il fondé ?

La re-création du monde

11 **a.** Quels éléments se métamorphosent en êtres humains ?
b. Relevez les verbes indiquant cette métamorphose (l. 84 à 90).
12 Quelle est la qualité principale de ces nouveaux êtres ?

QUESTIONS SUR LE TEXTE 3

J'ÉTUDIE LA LANGUE

Grammaire : le présent de narration

• Dans un récit au passé, pour rendre l'action plus « vivante » aux yeux du lecteur, on peut employer le présent de l'indicatif, appelé alors **présent de narration**.
• Le **présent d'énonciation**, ou d'actualité, exprime un fait qui se produit au moment où l'on parle ou écrit.

13 Indiquez les valeurs du présent :

a. C'est là qu'*échoue* la petite barque de Deucalion et Pyrrha. Deucalion était le fils de Prométhée.

b. « Nous *sommes* maintenant seuls au monde », dit Deucalion.

c. Ils décidèrent d'essayer. Ils *avancent* en lançant des cailloux derrière eux.

d. « L'oracle ne nous *demande* pas de commettre un crime », ajouta-t-il.

Deucalion et Pyrrha, gravure du XVIIe siècle.

CARNET DE LECTURE

« La Création de Manu »

Le Satapatha-Brähmana est un texte sacré de l'Inde antique écrit en sanskrit. Il relate, entre autres, les mythes de la création et le récit du déluge dont le roi Manu sera le seul survivant.

À Manu, certain matin, on apporta de l'eau pour qu'il se lave les mains, tout comme on le fait de nos jours.

Or, tandis qu'il faisait ses ablutions[1] voici qu'un poisson se trouva dans ses mains ! et ce poisson lui dit : « Garde-moi avec toi, je te sauverai ! » « – Et de quoi me sauveras-tu ? », lui demanda Manu. « – Un flot viendra qui emportera toutes créatures ici-bas : c'est de cela que je te sauverai ! » « – Te garder ! reprit Manu, mais comment ? », et le poisson de lui expliquer : « Tant que nous ne sommes que du menu fretin[2], le danger est grand pour nous ; les poissons se dévorent les uns les autres ! aussi garde-moi : d'abord dans un pot, puis, lorsque je serai trop grand pour qu'il me contienne, creuse une fosse où tu me jetteras et lorsqu'à nouveau je serai trop grand pour qu'elle me contienne, jette-moi dans la mer : je serai alors assez grand pour être à l'abri du danger. »

C'était, croit-on, une sorte de baleine, car c'est le genre de poisson qui grossit le plus.

1. **Faisait ses ablutions :** se lavait.
2. **Menu fretin :** petit poisson sans valeur.

Il continua d'expliquer à Manu : « Telle ou telle année, un flot destructeur viendra ; construis alors une nef[3] et viens à moi. Lorsque le flot sera là, tu monteras dans ta nef et je te sauverai ! »

Manu donc le garda jusqu'au moment de le rejeter à la mer. Puis vint le flot, l'année même que le poisson avait désignée. Manu construisit sa nef, vint près de l'endroit où vivait son ami et, lorsqu'arriva le flot destructeur, il embarqua. Alors le poisson nagea jusqu'auprès de Manu qui noua l'amarre de sa nef à une corne que ce poisson portait. Par ce moyen il fila jusqu'à ces montagnes qui sont dans le Nord.

Arrivés là : « Je t'ai sauvé, dit le poisson, maintenant attache ta nef à un arbre, mais tant que tu resteras sur cette montagne prends garde de n'être point coupé de l'eau : au fur et à mesure qu'elle descendra, descends à sa suite. »

Ainsi fit-il : au fur et à mesure que le niveau baissa, il descendit. Dans les montagnes du Nord, c'est cet endroit justement que l'on appelle depuis « la descente de Manu ».

Or les flots avaient emporté toutes créatures ici-bas, et Manu restait seul.

Il errait, chantant des hymnes, pratiquant les rites avec assiduité, car il désirait avoir une descendance. Une fois pourtant il fit un sacrifice de maturation[4], offrant dans l'eau : du beurre, du lait, de la crème et du caillé[5].

3. Nef : bateau.
4. Sacrifice de maturation : sacrifice visant au perfectionnement de soi.
5. Caillé : lait fermenté, semblable au yaourt.

Au bout d'un an une femme en naquit ; et quand elle apparut, elle était déjà apte à marcher, mais dans les traces de ses pas on voyait du beurre.

Mitra et Varuna[6] la rencontrèrent. « Qui es-tu ? », lui demandèrent-ils. « - Je suis la fille de Manu. » « – Dis que tu es à nous ! » « – Non ! répondit-elle, c'est à celui qui m'engendra que j'appartiens ! » [...] Elle passa son chemin et vint à Manu.

« Qui es-tu ? », lui demanda-t-il, lui aussi. « – Je suis ta fille ! » « – Comment, noble Dame, peux-tu être ma fille ? » « Ces libations[7] que tu versas dans l'eau : beurre, lait, crème, et caillé, c'est par leur moyen que tu m'engendras ! » [...]

En sa compagnie, il continua d'errer, chantant des hymnes, pratiquant les rites avec assiduité, dans son désir d'avoir une descendance.

De concert avec elle, il engendra cette création que nous avons sous les yeux, appelée pour cela « la Création de Manu » ; et quelle que fut la bénédiction qu'il demandait par son intermédiaire elle lui était toute entière accordée. Cette fille de Manu, en fait, n'est pas autre chose que l'hostie[8] : celui donc qui, sachant ainsi, pratique les rites comportant l'offrande d'une hostie, perpétue la race qu'engendra Manu ; et quelle que soit la bénédiction qu'il demande par son intermédiaire, elle lui est toute entière accordée.

Anonyme, Mythes et légendes extraits de Brähmanas,
traduit par Jean Varenne, © UNESCO/Éd. Gallimard, 1967.

6. Mitra et Varuna : divinités qui veillent au bon ordre des choses dans l'univers.
7. Libations : offrandes.
8. Hostie : offrande sous forme de pain.

QUESTIONS SUR LE TEXTE 4

AI-JE BIEN LU ?

1 Qui prédit le déluge à Manu ?
2 Comment Manu est-il sauvé du déluge ?
3 Comment recrée-t-il les êtres humains ?

J'EXPLIQUE LE TEXTE

Les hommes et les dieux

4 **a.** Quelle demande le poisson fait-il à Manu ?
b. Que promet-il à Manu en échange ?
5 **a.** Qui est en réalité ce poisson ?
b. Quels conseils donne-t-il à Manu avant et pendant le déluge ?
6 De quoi la fille de Manu naît-elle ? Quel est son pouvoir ?

Le déluge et la re-création des hommes

7 Manu embarque-t-il sur sa nef seul ou accompagné ?
8 Où se retrouve-t-il quand les eaux descendent ?
9 Quelle est la conséquence du déluge ?
10 Quel est le plus profond désir de Manu, après le déluge ?
11 Qu'appelle-t-on « Création de Manu » ?

JE RÉDIGE LE BILAN

12 Complétez les phrases suivantes :
a. Tandis que Manu se lavait, un ... lui sauta dans les mains.
b. L'année du déluge, Manu construisit une ... .
c. Lors d'un sacrifice, Manu versa dans l'eau du beurre, du ..., de la ... et du caillé et au bout d'un an une ... en naquit.
d. Avec elle il recréa les ... .

TEXTE 5 CONTE AMÉRINDIEN

« Je vais effacer ma création et je vais en pétrir une autre... »

Henri Gougaud, écrivain français né à Carcassonne en 1936, s'intéresse aux contes et légendes du monde entier, qu'il a réunis dans plusieurs recueils. Dans L'Arbre à soleils, Légendes du monde entier, *il rapporte comment les Indiens du Montana (un état du nord des États-Unis, peuplé à l'origine par plusieurs tribus amérindiennes : Sioux, Nez-Percés, Kootenays, Cheyennes) expliquent la création du monde.*

Les Indiens du Montana racontent ceci : avant ce monde, il y en eut un autre, beaucoup plus difficile à vivre que le nôtre. Les hommes de ce très vieux temps ne savaient ni inventer des légendes, ni danser, ni composer de la musique. Leur esprit était obscur comme celui des animaux. Tunkashila, le Créateur, n'était pas satisfait de ce monde-là, qu'il avait pourtant fabriqué de ses mains. Alors, un jour, il se dit : « Je vais effacer ma création et je vais en pétrir[1] une autre. Je vais chanter trois chants qui feront tomber tous les orages du ciel. Puis je chanterai un quatrième chant, et je frapperai la terre du pied. Alors la terre s'ouvrira, les eaux souterraines jailliront et plus rien ne sera, sauf les eaux. » Tunkashila le Créateur fit tout

1. **Pétrir :** malaxer, façonner.

cela. Il chanta son premier chant et le tonnerre gronda. Il chanta le deuxième chant et la pluie dégringola. Il chanta le troisième et les fleuves débordèrent. Puis il chanta son quatrième chant et il frappa du pied. La terre se brisa comme un vieux pot, les eaux souterraines jaillirent et le monde fut noyé.

Alors Tunkashila se laissa dériver sur l'eau, assis sur sa tabatière[2], en fumant son calumet[3]. Car tels étaient les objets sacrés dont il ne se séparait jamais : sa tabatière et son calumet. Il se laissa porter par les vagues et le vent, de-ci de-là. Il n'y avait plus d'hommes, il n'y avait plus d'animaux, il n'y avait plus le moindre grain de terre sur cet océan silencieux. Seul, un oiseau survivait encore : Kangi, le corbeau. Mais il était fatigué. Il ne savait où se poser. Sur l'océan, il vint voler en vastes cercles au-dessus de Tunkashila le Créateur en criant :

– Grand-père, je vais mourir, mes ailes ne me portent plus. Grand-père Tunkashila, fabrique-moi une terre ferme où je puisse me reposer.

Tunkashila tira quelques bouffées de son calumet en regardant le ciel, puis il pensa : « Le moment est venu d'ouvrir ma tabatière. » Il ouvrit sa tabatière, il en sortit un canard noir. Il dit à ce canard :

– Plonge au fond des eaux et apporte-moi une motte de terre.

Le canard plongea, au bout d'un long moment il reparut sur les vagues :

---

2. Tabatière : petite boîte destinée à contenir du tabac.
3. Calumet : pipe à long tuyau des Indiens d'Amérique du Nord.

– Je suis épuisé[4], dit-il. J'ai plongé, plongé, plongé encore, mais je n'ai pu toucher le fond. Cet océan est trop profond.

Alors Tunkashila fit sortir une loutre, puis un castor de sa tabatière. L'un après l'autre, il leur ordonna de plonger à la recherche d'une poignée de boue. La loutre plongea. Elle revint aussi bredouille[5] que le canard noir. Le castor plongea, il revint aussi bredouille que la loutre. Enfin le Créateur, du fond de sa tabatière, tira une tortue. Et la tortue à son tour plongea. Elle resta si longtemps au fond de l'eau que le canard, le castor et la loutre disaient :

– Elle est morte, elle ne reviendra jamais.

Le corbeau tournait dans le ciel, désespérait, gémissait :

– Je suis perdu, la tortue s'est noyée.

Elle apparut pourtant à nouveau sur les vagues. Elle cria :

– J'ai gagné ! J'ai touché le fond !

Elle portait une boule de terre entre ses pattes. Tunkashila prit cette boule de terre et se mit à chanter. Tout en chantant il la pétrit de ses mains. Puis il ordonna à cette boule de terre de recouvrir les eaux, et la terre recouvrit les eaux.

Alors le Créateur réfléchit. Il se dit : « L'eau sans la terre ne fait pas un monde vivable. Mais la terre sans eau non plus. Ma création est d'une grande tristesse. » Il se mit à se lamenter sur sa création, à pleurer. Ses larmes ruisse-

4. **Épuisé** : très fatigué.
5. **Bredouille** : sans avoir rien attrapé.

lèrent sur la terre, faisant naître des fleuves, des lacs, des océans. Tunkashila, voyant cela, aussitôt s'apaisa[6]. Il dit :

– Eh bien, voilà qui est mieux.

Alors de sa tabatière, il sortit toutes les espèces d'animaux, d'oiseaux, de plantes et les sema partout sur le monde nouveau. Puis il prit quatre poignées de terre, la première rouge, la deuxième blanche, la troisième noire, la quatrième jaune, et pétrit les quatre races humaines.

Enfin, il dit aux hommes :

– Écoutez bien, mes enfants. Au commencement, j'ai fait le premier monde. Il était mauvais, je l'ai brûlé. J'ai fait un deuxième monde. Il n'était pas meilleur, je l'ai noyé. Je vous donne le troisième monde. Si vous vivez en paix entre vous, en paix aussi avec les autres vivants de la terre, les animaux, les plantes, tout ira bien. Sinon, je détruirai ma création une nouvelle fois. Cela dépend de vous.

Tunkashila hocha la tête et dit encore :

– Un jour peut-être il y aura un quatrième monde.

Puis il disparut dans le ciel, fumant son calumet.

Henri Gougaud, *L'Arbre à soleils, Légendes du monde entier*, « Sources orientales », Éd. du Seuil, 1959.

6. S'apaisa : se calma.

AI-JE BIEN LU ?

1 Quel est le peuple à l'origine de ce conte ? Dans quelle région du monde vit-il ?

2 **a.** Qui est Tunkashila ?

b. Pour quelle raison décide-t-il d'effacer sa création ?

c. Comment fait-il périr le monde ?

d. Quel oiseau l'incite à recréer le monde ?

J'EXPLIQUE LE TEXTE

La disparition du monde

3 **a.** Combien de mondes Tunkashila a-t-il déjà créés et détruits ?

b. Comment s'y prend-il pour convoquer les éléments qui détruiront ce monde ?

4 Quelles sont les quatre étapes de cette destruction ? Relevez le champ lexical de l'eau (l. 8 à 26).

La création d'un nouveau monde

5 Quelle est la caractéristique commune des animaux que Tunkashila sort de sa tabatière ?

6 **a.** Quelle tâche doivent-ils accomplir ? Pourquoi est-elle difficile ?

b. Lequel d'entre eux réussit ?

7 **a.** Pourquoi Tunkashila trouve-t-il sa création d'une grande tristesse ?

b. Que provoquent ses larmes ?

8 Combien de races d'hommes crée-t-il ? À l'aide de quel matériau ?

9 **a.** Que demande le Créateur aux hommes ?

b. Que se passera-t-il s'ils ne respectent pas la volonté du dieu ?

QUESTIONS SUR LE TEXTE 5

J'ÉTUDIE LA LANGUE

Vocabulaire : autour du mot « terre »

Le mot « **terre** » vient du **latin *terra***. Les mots de la famille de *terre* sont obtenus à partir du radical *terr-* auquel on ajoute préfixes et suffixes.

10 Trouvez le mot de la famille de « terre » : **a.** un habitant de la terre : un t......... **b.** la croûte de la terre : la croûte t......... **c.** mettre dans la terre et sortir de terre : e......... et d......... **d.** espace sur lequel on joue au foot : un t......... de foot. **e.** une galerie qui se trouve sous la terre : une galerie s......... **f.** l'habitat du lapin : le t.........

J'ÉCRIS

Exercice de réécriture

11 Réécrivez le passage suivant en imaginant que Tunkashila est le narrateur.
« Tunkashila prit cette boule de terre et se mit à chanter. Tout en chantant il la pétrit de ses mains. Puis il ordonna à cette boule de terre de recouvrir les eaux, et la terre recouvrit les eaux. »

CONSIGNES D'ÉCRITURE
- Remplacez Tunkashila par « je ».

LE SAVIEZ-VOUS ?

Tunkashila

Dans les croyances des indiens Lakota (Sioux), le Créateur s'appelle Wakan Tanka (le Grand Mystère) ou Tunkashila (Grand Esprit ou Esprit Grand-père). Il est l'Esprit universel, créateur de l'univers. Il est dans tout ce qui vit.

Célébrer le monde

Akhenaton et Néfertiti rendant hommage au dieu Soleil Aton, bas-relief, XIVe siècle avant J.-C., antiquité égyptienne, Le Caire, Musée égyptien.

TEXTE 1 LE SOLEIL

Hymne à Aton

Aton est le dieu du disque solaire devenu le dieu suprême sous le règne d'Amenhotep IV (Aménophis *en grec). On a retrouvé des hymnes rendant hommage à Aton, gravés sur les parois de tombes de hauts dignitaires. Ces poèmes en vers, qui passent pour avoir été écrits par Amenhotep IV lui-même vers 1360 avant J.-C., font partie des textes les plus célèbres de l'Ancienne Égypte. Ils étaient récités lors des cérémonies religieuses. En voici un extrait.*

I.

[...] Quand tu poins[1] magnifique à l'horizon du ciel
Disque vivant[2], premier à vivre,
Brillant à l'horizon d'Orient,
Toute terre est par toi emplie de ta beauté.
Tu es beau, tu es grand, tu es étincelant,
Loin au-dessus de toute terre ;
Tes rayons ceignent[3] les pays,
Jusqu'aux limites de ce que tu as créé.
Comme tu es le soleil, tu atteins leurs confins[4],
Les plaçant au pouvoir de ton fils bien-aimé[5],
Lointain dont les rayons sont pourtant sur la terre,
Et de chaque être humain caressent le visage.

---

1. Tu poins : du verbe poindre qui signifie paraître.
2. Disque vivant : Aton est le disque solaire.
3. Ceignent : encerclent.
4. Confins : extrémités du monde.
5. Ton fils bien-aimé : Pharaon (ici Amenhotep IV, qui a pris le nom d'Akhénaton, considéré comme le fils du Soleil).

II.

Nul ne peut se flatter de connaître ta course,
Quand tu te couches dans l'horizon d'Occident.
La terre se trouve alors plongée dans les ténèbres,
Et se trouve figée dans l'aspect de la mort.
Comme on gît dans les chambres, la tête recouverte,
L'œil ne peut plus dès lors apercevoir l'autre œil,
Et jusque sous les têtes, sans qu'ils en soient conscients,
Toutes les possessions des gens sont dérobées.
Les fauves un à un ont quitté leur tanière[6],
Les reptiles, chacun d'eux, s'appliquent à piquer ;
Ténèbres ! Obscurité ! La terre est silencieuse
Car celui qui les crée est en son horizon[7].

III.

Mais dès le point du jour, brillant à l'horizon,
Étincelant Disque du jour nouveau,
Tu chasses les ténèbres, dispenses[8] tes rayons,
Et l'Égypte éclairée chaque jour est en fête.
Maintenant éveillés, debout sur leurs deux pieds,
Les gens vers toi se sont dressés,
Et lors le corps lavé,
Saisissent des habits.
Du geste de leurs bras ils saluent ton lever,
Et le pays entier s'emploie à ses travaux ;
Chaque bête domestique se trouve à sa pâture,
Arbres et plantes s'épanouissent.

---

6. Tanière : repaire des bêtes sauvages.
7. Est en son horizon : le soleil est couché.
8. Dispenses : accordes, répands.

IV.
Les oiseaux hors du nid se retrouvent envolés,
Leurs ailes, se mouvant, louant ton apparence ;
Les petits animaux gambadent sur leurs pattes,
Tous ceux qui volent vivent car tu brilles pour eux.
Les bateaux font leurs courses en aval et en amont,
Les chemins sont ouverts par ton apparition ;
Les poissons dans le fleuve bondissent vers ta face,
Et tes rayons atteignent aux tréfonds[9] de la mer…

Hommage à Aton, Pierre Grandet, 1995, D.R.

9. Aux tréfonds : au plus profond de la mer.

AI-JE BIEN LU ?

1 Qui est Aton ?
2 **a.** De quel côté le soleil se lève-t-il ? De quel côté se couche-t-il ?
b. Sur quelle étendue son pouvoir s'exerce-t-il ?
3 Que se passe-t-il quand le soleil disparaît à l'horizon ?
4 Quelle atmosphère règne-t-il en Égypte lorsque le soleil se lève à nouveau ?

J'EXPLIQUE LE TEXTE

Un poème en forme d'hymne

Dans l'Antiquité, un **hymne** (du grec *humnos*) est un **poème** ou **chant** à la gloire d'une divinité ou d'un héros.

5 Qui est désigné par le pronom personnel « tu » et par l'expression « Disque vivant » ? À qui cet hymne s'adresse-t-il donc ?

Les **adjectifs qualificatifs** peuvent donner une image méliorative (valorisante) ou péjorative (dévalorisante) de la réalité décrite.

6 **a.** Relevez les adjectifs qui qualifient Aton dans les vers 1 à 8. Ces adjectifs contribuent-ils à lui rendre hommage ?
b. Quel vers de la strophe 1 indique qu'Aton est le créateur du monde ?
7 Quel rapport le Pharaon entretient-il avec le soleil ?

L'antithèse, une figure structurante

L'antithèse est une figure de style qui exprime une forte opposition.

QUESTIONS SUR LE TEXTE 1

8 **a.** Relevez dans l'ensemble du poème les champs lexicaux de la lumière et de l'obscurité.
b. Quelles qualités du Soleil cette opposition met-elle en valeur ?
9 Quels animaux sont associés à la nuit ? Sont-ils bénéfiques ou maléfiques ?
10 Comment les hommes et les animaux rendent-ils hommage au soleil (strophes III et IV) ?

J'ÉTUDIE LA LANGUE

Vocabulaire : autour du mot « soleil »

11 Retrouvez les synonymes des termes suivants.
a. Le lever du soleil > l'au___e
b. Le coucher du soleil > le c r_p___u_e
12 Complétez les phrases suivantes.
a. Le soleil se lève à l'est, c'est-à-dire à l'O__ent et se couche à l'ouest, c'est-à-dire à l'O____ent.
b. À midi le soleil est au z___th.

Le printemps

Charles d'Orléans (1394-1465) était le neveu du roi de France Charles VI. Fait prisonnier à Azincourt (1415), il fut emmené en captivité en Angleterre, où il resta vingt-cinq ans. C'est là qu'il commença à écrire des poèmes.

Le temps a laissé son manteau
De vent, de froidure et de pluie,
Et s'est vêtu de broderies,
De soleil luisant, clair et beau.

Il n'y a bête ni oiseau
Qu'[1]en son jargon[2] ne chante ou crie :
Le temps a laissé son manteau
De vent, de froidure et de pluie.

Rivière, fontaine et ruisseau
Portent, en livrée[3] jolie,
Gouttes d'argent, d'orfèvrerie[4],
Chacun s'habille de nouveau[5] :
Le temps a laissé son manteau.

Charles d'Orléans (1391-1465),
« Rondeaux », poèmes écrits vers l'année 1450.

1. **Qu' :** qui.
2. **Jargon :** langage, langue.
3. **Livrée :** costume, vêtement.
4. **Orfèvrerie :** parure, bijoux en argent ou en or.
5. **Nouveau :** neuf.

QUESTIONS SUR LE TEXTE 2

AI-JE BIEN LU ?

1. Quelles sont les deux saisons évoquées par le poète ?
2. Quelle saison le poème célèbre-t-il ?

J'EXPLIQUE LE TEXTE

Un rondeau

- Le **rondeau** est une forme poétique qui remonte au Moyen Âge. Il comporte 3 strophes, un refrain et il est construit sur deux rimes. Le refrain donne au poème la **forme d'une ronde musicale**, d'où son nom « rondeau ».
- Le **mètre** est la **mesure du vers**. Les vers de 8, 10, 12 syllabes s'appellent des octosyllabes, des décasyllabes, des alexandrins.

3. Combien les vers comportent-ils de syllabes ? Quel est le mètre utilisé ?
4. Sur quelles rimes le poème est-il construit ?
5. Relevez dans chacune des strophes les vers qui constituent le refrain. Quel est l'effet produit ?

L'arrivée du printemps

La **personnification** est une figure de style qui attribue à un animal ou à une chose des caractéristiques propres aux êtres humains.
Ex. : Le vent gémissait dans les arbres.

6. Quels éléments sont personnifiés ? Justifiez votre réponse.

La **métaphore est une image.** Elle est souvent associée à la personnification (Ex. : *le ciel verse des larmes* → les larmes évoquent la pluie).

7 Relevez les termes qui présentent la métaphore du manteau. Comment cette métaphore rend-elle compte du changement de saison ?
8 Quelle est la réaction des animaux à l'arrivée du printemps ?
9 Ce rondeau, par sa forme, vous semble-t-il reproduire un effet de recommencement, comme le printemps qui revient ?

JE DIS LE POÈME

10 Apprenez et récitez le poème.

CONSIGNES
- Veillez à ne pas prononcer les *e* muets en fin de vers ou suivis d'une voyelle (Ex. : *fontain(e) et ruisseau*).
- Vous devrez prononcer le *e* final de livrée (vers 10) afin de respecter l'octosyllabe.

J'ÉCRIS

Écrire un poème de célébration

11 À votre tour, écrivez deux strophes pour célébrer une saison.

CONSIGNES D'ÉCRITURE
- Utilisez des mètres assez courts : pas plus de huit syllabes.
- Vous n'êtes pas obligé(e) de faire des vers rimés.
- Vous pouvez répéter un vers pour former un refrain.
- Vous pouvez reprendre la métaphore de l'habillement.

TEXTE 3 LES ANIMAUX

Les papillons

Gérard de Nerval (1808-1855) est un poète et écrivain français. Le poème « Les Papillons » a été publié dans le recueil Odelettes *en 1853.*

I
De toutes les belles choses
Qui nous manquent en hiver,
Qu'aimez-vous mieux ? – Moi, les roses ;
– Moi, l'aspect d'un beau pré vert ;
– Moi, la moisson blondissante,
Chevelure des sillons ;
– Moi, le rossignol qui chante ;
– Et moi, les beaux papillons !

Le papillon, fleur sans tige,
Qui voltige,
Que l'on cueille en un réseau[1] ;
Dans la nature infinie,
Harmonie
Entre la plante et l'oiseau !...

Quand revient l'été superbe,
Je m'en vais au bois tout seul :

1. **Réseau :** filet.

Je m'étends dans la grande herbe,
Perdu dans ce vert linceul[2].
Sur ma tête renversée,
Là, chacun d'eux à son tour,
Passe comme une pensée
De poésie ou d'amour !

Voici le papillon « faune »,
Noir et jaune ;
Voici le « mars » azuré[3],
Agitant des étincelles
Sur ses ailes
D'un velours riche et moiré[4].

Voici le « vulcain[5] » rapide,
Qui vole comme un oiseau :
Son aile noire et splendide
Porte un grand ruban ponceau[6].
Dieux ! le « soufré[7] », dans l'espace,
Comme un éclair a relui...
Mais le joyeux « nacré[8] » passe,
Et je ne vois plus que lui !

Gérard de Nerval, « Les Papillons », *Odelettes*, 1853.

---

2. Linceul : pièce de toile dans laquelle on place les morts.
3. Mars azuré : papillon aux ailes bleutées.
4. Moiré : aux reflets changeants.
5. Le vulcain : papillon aux ailes rouge orangé, noires et blanches.
6. Ponceau : rouge coquelicot.
7. Le soufré : papillon aux ailes jaunes.
8. Le nacré : papillon aux ailes orangé vif tachetées.

QUESTIONS SUR LE TEXTE 3

AI-JE BIEN LU ?

1 Qui a écrit ce poème ? À quel siècle ?
2 Quel élément de la nature le poète célèbre-t-il ?

J'EXPLIQUE LE TEXTE

3 Quels sont les six papillons cités par le poète ? Cherchez, sur Internet ou dans un ouvrage documentaire, une photo de chacun d'eux.
4 Relevez dans les strophes 2 à 5 les métaphores et comparaisons par lesquelles le poète caractérise les papillons et leur vol.

5 Relevez les verbes d'action et les expressions qui soulignent les mouvements rapides et incessants des papillons.

Je formule mes impressions

6 Le poète vous semble-t-il avoir une véritable connaissance des papillons ? Justifiez votre réponse.
7 Pourquoi le poète accorde-t-il autant d'importance aux papillons ? De quoi sont-ils le symbole ?

J'ÉCRIS

Écrire un poème pour célébrer un animal

8 Écrivez une ou deux strophes pour célébrer un animal.

CONSIGNES D'ÉCRITURE
- Vous pouvez commencer par « De tous les animaux qui existent sur Terre, celui que je préfère est... ».
- Utilisez au moins une métaphore ou une comparaison.

La mer

Maurice Carême (1899-1978) est un écrivain et poète belge de langue française. Ses poèmes se caractérisent par une grande simplicité de ton.

Juste au milieu du jour,
La mer est toute ronde
Comme une belle montre
Que le soleil remonte.

Mais le soir, elle est plate
À vous déconcerter,
Et le soleil fâché
En devient écarlate.

La nuit, c'est encor pis.
On n'en voit qu'une aiguille
Lorsque la lune brille
Sur son verre terni.

N'empêche qu'elle chante
De jour comme de nuit,
Qu'elle est bien moins méchante
Qu'on ne me l'avait dit.

Et qu'au grand vent du nord,
Elle berce les heures
Comme les barques d'or
Dans la main du Seigneur[1].

Maurice Carême, *La Tour Eiffel*,
extrait de « L'Arlequin »,

1. Seigneur : Dieu.

QUESTIONS SUR LE TEXTE 4

AI-JE BIEN LU ?

1 **a.** Qui est l'auteur du poème ? À quel siècle a-t-il vécu ?
b. Quel élément de la nature célèbre-t-il ?

2 Quels sont les moments de la journée évoqués au cours du poème ?

J'EXPLIQUE LE TEXTE

Les procédés de la célébration

3 **a.** Comptez le nombre de syllabes par vers.
b. S'agit-il de mètres longs ou courts ? Quel est l'effet produit à la lecture (rythme rapide ou lent, léger ou solennel…) ?

4 **a.** À quoi le poète compare-t-il la mer (strophe 1) ? Expliquez le choix de cette comparaison.
b. Quelles formes celle-ci prend-elle au cours de la journée ? Pourquoi ?

5 **a.** Par quels verbes et adjectifs le poète personnifie-t-il la mer et le soleil (strophes 2, 4 et 5) ?
b. Quelle image donne-t-il de la mer dans les deux dernières strophes ?

JE FORMULE MES IMPRESSIONS

6 « Qu'elle est bien moins méchante
Qu'on ne me l'avait dit… »
Êtes-vous d'accord avec le poète ? Quelle image avez-vous de la mer ?

Le pain

La surface du pain est merveilleuse d'abord à cause de cette impression quasi panoramique qu'elle donne : comme si l'on avait à sa disposition sous la main les Alpes, le Taurus ou la Cordillère des Andes[1].

Ainsi donc une masse amorphe[2] en train d'éructer[3] fut glissée pour nous dans le four stellaire[4], où durcissant elle s'est façonnée en vallées, crêtes, ondulations, crevasses... Et tous ces plans dès lors si nettement articulés, ces dalles minces où la lumière avec application couche ses feux, – sans un regard pour la mollesse ignoble sous-jacente[5].

Ce lâche et froid sous-sol que l'on nomme la mie a son tissu pareil à celui des éponges : feuilles ou fleurs y sont comme des sœurs siamoises[6] soudées par tous les coudes à la fois. Lorsque le pain rassit ces fleurs fanent et se rétrécissent : elles se détachent alors les unes des autres, et la masse en devient friable...

Mais brisons-la[7] : car le pain doit être dans notre bouche moins objet de respect que de consommation.

Francis Ponge, « Le Pain », in *Le Parti pris des choses*,

1. Taurus et Cordillère des Andes : chaînes de montagnes.
2. Une masse amorphe : une masse sans forme. La masse amorphe désigne la pâte du pain avant cuisson mais aussi la masse informe qu'était la terre avant sa formation.
3. Éructer : expulser un gaz (allusion à la pâte qui fermente et qui gonfle).
4. Stellaire : qui appartient aux étoiles, au cosmos.
5. Sous-jacente : qui se trouve en-dessous.
6. Sœurs siamoises : jumelles soudées par une partie du corps à la naissance.
7. Brisons-la : jeu de mots à partir de l'expression « briser le pain » (le rompre) et « brisons là » qui signifie « arrêtons la conversation ».

QUESTIONS SUR LE TEXTE 5

AI-JE BIEN LU ?

1. Quels sont les deux éléments qui constituent le pain ?
2. À quoi le poète le compare-t-il ?
3. Le pain est-il fait pour être regardé ou pour être consommé ?

J'EXPLIQUE LE TEXTE

Un poème de célébration

> Un **poème en prose** est un **texte poétique** écrit en prose et non en vers.

4. Le texte comporte-il des vers ? des rimes ? des paragraphes ?
5. Montrez que le poète fait du pain une métaphore du monde : à quoi compare-t-il la croûte puis la mie du pain ? Relevez des termes géographiques précis.
6. **a.** Par quelle expression relie-t-il la cuisson du pain au cosmos ?
b. Montrez en relevant des termes précis (l. 5 à 7) que la fabrication du pain peut faire penser à la création du monde.
7. À quoi le poète invite-t-il le lecteur à la fin du texte ?

JE FORMULE MES IMPRESSIONS

> Le pain est un **symbole de vie**. Il est considéré comme la nourriture essentielle de l'homme dans de nombreuses civilisations.

8. **a.** Que représente le pain pour vous ? Êtes-vous choqué(e) de voir jeter du pain ?
b. Recherchez des recettes dans lesquelles on utilise du pain rassis.

La Création dans les arts

Franz Marc (1880-1916), *Histoire de la Création du monde I*, 1914, gravure sur bois, 27,5 x 38 cm, Halle-sur-Saale, Kunstmuseum.

La Création dans les arts

Les mythes et légendes concernant la Création ont inspiré de nombreuses œuvres artistiques, de l'Antiquité à nos jours.

La fresque

Une **fresque** (de l'italien *a fresco* : « à frais ») est une peinture murale réalisée avec des couleurs délayées à l'eau sur un enduit frais (plâtre, ciment...). La peinture se fixe en séchant, toute retouche est impossible.

Michel-Ange et la Chapelle Sixtine à Rome

Michelangelo Buonarotti (1475-1564) est un sculpteur, peintre, architecte et poète de la Renaissance italienne. Il passe son enfance au milieu de tailleurs de pierre qui lui apprennent leur métier. Adolescent, il entre dans l'atelier du peintre fresquiste Domenico Ghirlandaio à Florence avant de devenir le protégé du duc Laurent de Médicis. Une de ses œuvres les plus connues est la fresque de la voûte de la Chapelle Sixtine, à Rome, réalisée à la demande du pape Jules II. Michel-Ange conçoit une fresque de 40 mètres de long sur 13 mètres de large, comportant neuf scènes inspirées par la *Genèse*. Il a réalisé cette œuvre seul, de 1508 à 1512, allongé sur le dos au sommet d'un gigantesque échafaudage. *La création d'Adam* (280 x 570 cm) figure sur la partie centrale de la voûte.

► LE QUESTIONNAIRE ASSOCIÉ À LA FRESQUE SE TROUVE P. 124

La peinture

Edward Hicks et le « folk art »

Le « folk art » est un mouvement pictural américain regroupant des peintres sans formation. Les œuvres sont souvent colorées et ne respectent pas les règles de la perspective et des proportions. Edward Hicks (1780-1849) est l'un des principaux représentants du « folk art ». Imprégné de foi religieuse, il réalise de nombreuses œuvres illustrant des thèmes bibliques.

► LE QUESTIONNAIRE ASSOCIÉ AU TABLEAU SE TROUVE P. 125

Une miniature indienne du XVIIIe siècle

La miniature est une fine peinture à l'aquarelle de petite taille. En Inde, des écoles de peinture, apparues au XVIe siècle, se sont développées au XVIIIe siècle, notamment à la cour royale du Rajasthan.

► LE QUESTIONNAIRE ASSOCIÉ À LA MINIATURE SE TROUVE P. 126-127

La sculpture

Bas-relief et haut-relief

On distingue le bas-relief, dans lequel les sculptures sont légèrement en relief sur un fond de pierre, et le haut-relief dans lequel elles se détachent nettement du fond. Le thème de la création de l'homme a inspiré de nombreux artistes de l'Antiquité grecque et romaine. Dans l'Égypte antique, les sculpteurs utilisent aussi la technique du relief en creux qui consiste à créer des volumes par un creusement en profondeur.

► LE QUESTIONNAIRE ASSOCIÉ AUX RELIEFS SE TROUVE P. 126-127

La gravure

La technique

La technique de la gravure consiste à graver un dessin sur un support dur et plat (une planche de bois, de cuivre...), puis à l'encrer, de façon à ce que l'encre pénètre dans les creux et enfin à le reproduire à l'envers en retournant la planche sur un autre support.

► LE QUESTIONNAIRE ASSOCIÉ AUX GRAVURES SE TROUVE P. 126-127

Étudier une fresque : *La Création d'Adam*, Michel-Ange

Vous trouverez cette œuvre en 2e de couverture de cet ouvrage.

NATURE DE L'ŒUVRE ET COMPOSITION

1 Identifiez l'auteur de la fresque, indiquez quel bâtiment elle décore et à quelle date elle a été réalisée.

2 Quel moment précis de la Création de l'homme l'artiste a-t-il choisi de peindre ?

3 **a.** Repérez l'espace de Dieu et l'espace d'Adam. Quelle ligne (diagonale, verticale, horizontale...) sépare ces deux espaces ?
b. Qu'est-ce qui figure au point central de la scène ? Pourquoi ?

DIEU ET ADAM

4 **a.** Comparez les représentations de Dieu et d'Adam : âge, vêtements, position, immobilité ou mouvement, direction des regards. Répondez sous forme de tableau.
b. Comment l'artiste a-t-il su rendre la beauté d'Adam ?

5 Quel geste Dieu et Adam font-ils ? Que symbolise-t-il ?

6 De quelle façon le peintre suggère-t-il que Dieu est puissant et en mouvement ?

7 **a.** Qui peut être la figure féminine que Dieu enlace de son bras gauche ?
b. Est-elle déjà créée ? Qui regarde-t-elle ?

8 Comment l'artiste a-t-il donné l'impression que le corps d'Adam va prendre vie ?

JE FORMULE MES IMPRESSIONS

9 L'artiste a-t-il respecté les paroles de l'Ancien Testament selon lesquelles l'homme fut créé à l'image de Dieu ?

Étudier un tableau : *L'Arche de Noé*, Edward Hicks

Vous trouverez cette œuvre en 3e de couverture de cet ouvrage.

NATURE DE L'ŒUVRE ET SCÈNE REPRÉSENTÉE

1 Qui est l'auteur du tableau ? À quelle date a-t-il été réalisé ? Où est-il conservé ?
2 Quel épisode de la Genèse le peintre a-t-il illustré ? Quel moment précis de cet épisode ?
3 Dans quel cadre et paysage la scène se déroule-t-elle ?
4 Quelle est la couleur du ciel ? Que laisse-t-elle présager ?

L'ARCHE ET LES ANIMAUX

5 **a.** Où l'arche est-elle située par rapport au premier plan ?
b. De quels éléments est-elle constituée ? En quelle matière est-elle, selon vous ?
6 Dans quelle partie du tableau l'entrée de l'arche se trouve-t-elle ? Appuyez-vous sur le tracé imaginaire des deux diagonales.
7 **a.** Les animaux sont-ils tous en couple comme l'avait recommandé Dieu ? Quelles espèces reconnaissez-vous ?
b. Décrivez leur attitude. Vous semblent-ils calmes ou agressifs ?
c. Lesquels regardent vers le spectateur ? Quel est l'effet produit ?
8 Voit-on la totalité des animaux ? Quelle astuce de cadrage le peintre utilise-t-il pour montrer que la file est interminable ?
9 Vers quelle partie de l'arche et quel point du tableau les animaux et les oiseaux se dirigent-ils ?
10 Repérez les humains. Quel est leur rôle dans cette scène ?

JE FORMULE MES IMPRESSIONS

11 Aimez-vous cette représentation de l'arche et des animaux ainsi que les choix effectués par le peintre ?

ÉTUDIER DES RELIEFS, UNE MINIATURE ET DES GRAVURES

Vous trouverez ces œuvres en p. 11, 43, 71, 105 et 121 de cet ouvrage.

UN RELIEF ROMAIN (P. 43)

1 De quelle époque ce bas-relief date-t-il ? Dans quel musée est-il conservé aujourd'hui ?
2 Quelle est la technique utilisée ? Sur quel matériau ?
3 Quelle scène est représentée sur ce bas-relief ?
4 À quels détails identifiez-vous Prométhée et Athéna ?

UN RELIEF ÉGYPTIEN (P. 105)

5 Indiquez la date de l'œuvre, son lieu de conservation, la technique et le matériau utilisés.
6 **a.** Quels sont les personnages représentés ? Que font-ils ?
b. Décrivez le personnage masculin.
7 Comment le disque solaire est-il sculpté ?
8 Par quoi les rayons qui en émanent sont-ils terminés ? Que symbolisent-ils ?

UNE MINIATURE INDIENNE (P. 71)

9 De quelle région d'Inde cette miniature provient-elle ? De quelle époque date-t-elle ?
10 Quel est le dieu représenté ? Combien a-t-il de bras ? Quels ornements porte-t-il ?
11 D'où son corps émerge-t-il ? Pourquoi ? Aidez-vous du texte p. 95.

UNE GRAVURE CHINOISE (P. 11)

12 Rappelez ce qu'est une gravure.
13 Qui est le personnage représenté ? Décrivez-le (position, attitude, visage, habits).
14 Que reflète l'expression de son visage ? Comment l'artiste a-t-il rendu cette expression ?
15 **a.** Quel objet le personnage tient-il entre les mains ?
b. Quel dessin orne cet objet ? Que peut symboliser ce dessin ?
16 Relisez le texte p. 23. Vous imaginiez-vous ce personnage ainsi ?

UNE GRAVURE CONTEMPORAINE (P. 121)

Franz Marc (né en 1880, mort à Braquis, près de Verdun, en 1916), peintre animalier, graveur et pastelliste, est l'un des représentants de l'**expressionnisme allemand**. Ce mouvement artistique vise à susciter l'émotion en présentant une réalité déformée et stylisée. Les dessins aux lignes acérées de Marc présentent des formes qui se fragmentent et s'interpénètrent.

17 **a.** Sur quel support cette gravure a-t-elle été réalisée ?
b. De quelle époque date-t-elle ?
18 Quels éléments de la Création sont représentés ? Vous est-il facile de les identifier ? Pourquoi ?
19 Quel jour de la création cette gravure peut-elle illustrer ?
20 Aimez-vous ce genre d'œuvres d'art ?

INDEX

Les notions

La documentation

TABLE ICONOGRAPHIQUE

Iconographie : Hatier Illustrations

Graphisme : Mecano – Laurent Batard

Mise en pages : Alinéa

Relecture : Elisabeth Fainstein

Cartes et schéma : Légendes cartographie – Vincent Landrin – Dany Mourain

Achevé d'imprimer par Black Print CPI Iberica S.L.U - Espagne - Dépot légal 99760-0/05 - Décembre 2020